Bibliografische Information der Deutschen Nationalbibliothek:

Die Deutsche Bibliothek verzeichnet diese Publikation in der Deutschen National-
bibliografie; detaillierte bibliografische Daten sind im Internet über http://dnb.d-
nb.de/ abrufbar.

Impressum:

Copyright © 2015 GRIN Verlag, Open Publishing GmbH
Druck und Bindung: Books on Demand GmbH, Norderstedt Germany
ISBN: 978-3-668-02683-4

Dieses Buch bei GRIN:

http://www.grin.com/de/e-book/301204/start-ups-in-berlin-welche-chancen-bietet-
der-grossraum-berlin-fuer-start-ups

Alexander Farr

Start-ups in Berlin. Welche Chancen bietet der Großraum Berlin für Start-ups der Gesundheitswirtschaft?

GRIN Verlag

GRIN - Your knowledge has value

Der GRIN Verlag publiziert seit 1998 wissenschaftliche Arbeiten von Studenten, Hochschullehrern und anderen Akademikern als eBook und gedrucktes Buch. Die Verlagswebsite www.grin.com ist die ideale Plattform zur Veröffentlichung von Hausarbeiten, Abschlussarbeiten, wissenschaftlichen Aufsätzen, Dissertationen und Fachbüchern.

Besuchen Sie uns im Internet:

http://www.grin.com/

http://www.facebook.com/grincom

http://www.twitter.com/grin_com

Facharbeit im Rahmen der Abiturprüfung 2015 zur 5. PK

Thema: Inwiefern bietet der Großraum Berlin optimale Voraussetzungen für Start-ups? – Eine Analyse am Beispiel ausgewählter Start-ups der Gesundheitswirtschaft

Verfasser: Alexander Farr

Referenzfach: Erdkunde

Bezugsfach: Biologie

Inhaltsverzeichnis

1. Einleitung und Fragebogentechnik

„Berlin wird das Silicon Valley Europas", sagt Dr. Alexander von Frankenberg, Geschäftsführer des High-Tech-Gründerfonds[1].

Start-ups sind junge (jünger als 10 Jahre), wachstumsorientierte (deutliches Mitarbeiter- und/oder Umsatzwachstum) Unternehmen auf der Suche nach einem nachhaltigen Geschäftsmodell mit großem Wachstumspotenzial. Sie unterscheiden sich von klassischen Gründungen im Hinblick auf ihre Innovationsfähigkeit[2].

Berlin ist die „Hauptstadt der Start-ups". In keinem anderen Bundesland gibt es eine derart hohe Gründerquote wie in Berlin mit 2,55 % der Bevölkerung im Alter zwischen 18 und 65 Jahren[3]. Schätzungen zufolge gibt es in der Hauptstadt 8.800 Start-ups mit rund 22.000 Beschäftigten[4]. Dabei ist eine enorme Wachstumsdynamik festzustellen. Seit 2006 ist die Anzahl der neu gegründeten Unternehmen um 8 % jährlich gestiegen[5]. Damit weist die Start-up-Branche ein enormes Zukunftspotential auf. Laut einer Studie der Unternehmensberatungsgesellschaft McKinsey können bis 2020 etwa 100.000 neue Arbeitsplätze (60.000 davon über den Multiplikatoreneffekt) durch Start-ups geschaffen werden, wenn die Bedingungen für Start-ups in Berlin verbessert werden[6].

Im Folgenden wird erörtert, auf welche Bedingungen Start-ups in Berlin treffen, um die Qualität des Großraums Berlin als Standort für Start-ups beurteilen zu können. Dabei gehe ich auch auf Kritikpunkte ein und liefere Lösungsansätze, wie Deutschlands Hauptstadt tatsächlich zum „Silicon Valley Europas" werden kann.

Um dieses weitläufige Thema einzugrenzen, möchte ich mich aufgrund des limitierten Rahmens weitestgehend auf den Sektor der Gesundheitswirtschaft beziehen. Die Gesundheitswirtschaft ist neben der Digital Tech- (E-Commerce, Online, Software) und Urban Tech-Branche (Reinigungstechnik, Elektronik, Mobilität) eine der drei wichtigsten Branchen von Start-ups in Berlin.

---

[1] Vgl. http://www.mckinsey.de/sites/mck_files/files/berlin_gruendet_broschuere.pdf, S. 12
[2] Vgl. https://deutschestartups.org/wp-content/uploads/2013/07/DeutscherStartupMonitor2013.pdf
[3] Siehe 8. Abbildungsverzeichnis, Abb. 2
[4] Vgl. http://www.mckinsey.de/sites/mck_files/files/berlin_gruendet_broschuere.pdf, S. 14
[5] Ebenda, S. 13
[6] Ebenda, S. 12

Für eine empirische Untersuchung habe ich einen Fragebogen mit zehn Fragen entwickelt. Diesen habe ich in das Internet gestellt, sodass ich den zugehörigen Link[7] per E-Mail an 216 Start-ups, insbesondere aus dem Bereich der Gesundheitswirtschaft, gesendet habe. Hiervon haben 42 Start-ups den Fragebogen online ausgefüllt.

Weitere 58 Ergebnisse habe ich bei Veranstaltungen gesammelt. Am 25.06.2014 habe ich die „Business & Beer"-Veranstaltung der Freien Universität Berlin (FU) besucht. Außerdem nahm ich an dem von dem Pharmakonzern Bayer veranstalteten Event „Data Privacy for mHealth Apps"[8] am 02.09.2014 teil, um mit Gründern der Gesundheitswirtschaft in Kontakt zu treten. Viele weitere Ergebnisse konnte ich in Gesprächen mit Gründern bei der „Langen Nacht der Start-ups" am 06.09.2014 erlangen. Außerdem besuchte ich am 23.09.2014 die Veranstaltung „How to pitch to investors"[9] im Telekom „hub:raum".

Ich traf weitgehend auf Offenheit und Hilfsbereitschaft. Einige Gründer nahmen sich sogar bis zu 20 Minuten Zeit, um mit mir den Standort Berlin zu diskutieren. Einzelne Aussagen sind als Zitate eingefügt. Wenn die Unternehmen anonym bleiben wollten, ist statt dem Unternehmensnamen die Nummer ihrer Beantwortung angegeben.

2. Gesundheitswirtschaft in Berlin

Die Gesundheitswirtschaft ist eine hochproduktive, exportorientierte und weitgehend konjunkturunabhängige Branche. Die Branche ist deutschlandweit bedeutend, was sich daran erkennen lässt, dass im zweiten Quartal 2014 33 % aller Venture Capital-Beteiligungen[10] in Deutschland in die Gesundheitswirtschaft flossen[11]. Ein besonderes Merkmal der Gesundheitswirtschaft in der Hauptstadtregion ist die hohe Dichte von 24 großen Forschungseinrichtungen und Universitäten mit Forschungsschwerpunkten zur Gesundheitswirtschaft. Dazu zählen international renommierte Einrichtungen wie die Charité, Europas größtes Universitätsklinikum, das Max-Delbrück-Centrum für Molekulare Medizin und das Deutsche Herzzentrum Berlin. Die damit verbundenen überdurchschnittlich hohen Forschungs- und Entwicklungsaktivitäten (FuE-Aktivitäten) sind in Europa einzigartig[12].

---

[7] - https://de.surveymonkey.com/s/7MC2KFD
     - Ergebnisse online zu finden bei: https://de.surveymonkey.com/results/SM-C36KD3W8/
[8] Datenschutz bei mobilen Gesundheits-Apps
[9] Wie man Investoren sein Unternehmen präsentiert
[10] Zeitlich begrenzte Mittelüberlassungen in Form von Eigenkapital an das Spezialsegment der jungen Wachstumsunternehmen
[11] VC-Panel: Meiste Investments im Software-Sektor, in: VentureCapital Magazin 09/2014, S. 6
[12] Vgl. http://www.businesslocationcenter.de/gesundheitswirtschaft?closed=1

Der Gesundheitswirtschaftsstandort Berlin zeichnet sich durch seine hervorragende Vernetzung von Wirtschaft, Wissenschaft, Politik und klinischer Versorgung (132 Klinken) aus. Mit 201.001 Beschäftigten in Berlin (Hauptstadtregion[13]: 313.715), 4.062 Unternehmen (Hauptstadtregion: 5.922) und 12,7 Mrd. Euro Umsatz (Hauptstadtregion: 16,0 Mrd. Euro)[14] ist die Branche bedeutend für Berlin und hatte 2008 einen Anteil von 11,9 % an der Berliner Bruttowertschöpfung (gegenüber Deutschland: 10,1 %)[15]. Die Bedeutung könnte sich noch vergrößern, da Prognosen davon ausgehen, dass in der Region im Jahr 2030 mit rund 368.000 Beschäftigten eine Bruttowertschöpfung von etwa 20 Mrd. Euro erreicht werden wird[16]. Dieses Wachstum wird durch den demographischen Wandel verstärkt, da ältere Menschen überdurchschnittlich häufig auf gesundheitswirtschaftliche Leistungen angewiesen sind.

3. Vorstellung des Start-ups der Gesundheitswirtschaft Cortrium

Am 02.09.2014 habe ich mit den Gründern des Start-ups Cortrium im Rahmen einer Veranstaltung des Pharmakonzerns Bayer gesprochen. Cortrium ist ein Unternehmen, das erheblich von der Zusammenarbeit mit etablierten Unternehmen profitiert. Das Start-up ist aus einer Abspaltung des Nokia Research & Development Departments in Kopenhagen entstanden, sodass es sich um ein sogenanntes Spin-Off handelt. Cortrium kann die Ressourcen Nokias nutzen, um das von ihm entwickelte Gerät C3 in Massenprodution relativ günstig (50 €) produzieren zu können. Außerdem wurden die Gründer von Bayer eingeladen, ihr Produkt in Berlin im Rahmen des „Grants4Apps Programm" von Bayer weiterzuentwickeln. In meinem Gespräch hat sich herausgestellt, dass Cortrium nicht nur von der Unterstützung durch den Accelerator[17] Bayer profitiert, sondern auch von Berlins großem Talentpool und dem Cluster von Start-ups in Berlin.

Das Gerät C3 wird auf der Brust getragen und kann mittels Elektroden unter anderem ein Elektrokardiogramm (EKG) erstellen, die Herzfrequenz und Hauttemperatur sowie

---

[13] Hier als Berlin und Brandenburg zusammen definiert
[14] Vgl. http://www.berlin.de/sen/wirtschaft/wirtschaft-und-technologie/konjunktur-und-statistik/wirtschafts-und-innovationsbericht/ii-wirtschaft-forschung-und-technologie-in-berlin/artikel.41571.php
[15] Vgl. http://www.bmwi.de/BMWi/Redaktion/PDF/I/Pr_C3_A4sentation_20Gesundheitswirtschaft_20WifOR,property=pdf,bereich=bmwi2012,sprache=de,rwb=true.pdf, S. 22
[16] -Vgl. http://www.berlin.de/wirtschaft/wirtschaftsstandort/zukunftsbranchen-cluster/life-sciences/ -gegenüber 9,6 Mrd. Euro in 2008 (Vgl. http://www.bmwi.de/BMWi/Redaktion/PDF/I/Pr_C3_A4sentation_20Gesundheitswirtschaft_20WifOR,property=pdf,bereich=bmwi2012,sprache=de,rwb=true.pdf, S.22)
[17] Ein Accelerator ist eine Institution, die Start-ups in einem bestimmten Zeitraum durch Coaching zu einer schnellen Entwicklung verhilft

Schlaf und Bewegung messen[18]. Die mit dem EKG gemessenen Werte sind sogenannte Vitalparameter, die die Grundfunktionen des menschlichen Körpers (Vitalfunktionen) widerspiegeln. Eine Nulllinie auf dem EKG zeigt einen Herzstillstand an, bei dem eingegriffen werden muss[19]. Die gemessenen Daten werden per Bluetooth zu einem Smartphone oder Tablet-PC übertragen. Damit kann nicht nur der Nutzer seine Vitaldaten beobachten; über die Cloud können die Daten auch an den Hausarzt weitergeleitet werden[20], der die Daten dann analysieren und eventuell notwendige Maßnahmen einleiten kann. Außerdem erleichtert der Zugang zu aktuellen und historischen Daten behandelnden Ärzten, ihre Entscheidungen schnell und fundiert zu treffen.

4. Standortfaktoren

Unter Standortfaktoren versteht man die Gesamtheit aller Faktoren, die ein Unternehmen bei der Wahl eines Standorts berücksichtigt. Unterschieden wird zwischen harten und weichen Standortfaktoren.

4.1 Harte Standortfaktoren

Harte Standortfaktoren sind gut messbare Strukturdaten über einen Ort und dessen Umgebung.

4.1.1 Arbeitskräftepotential

Berlin ist einer der größten Standorte der Wissenschaft in Europa. Insgesamt lehren, forschen, studieren und arbeiten über 200.000 Menschen an vier Universitäten, sieben Fachhochschulen, vier Kunsthochschulen, 28 staatlich anerkannten privaten Hochschulen, 21 innerstädtischen Technologieparks und Gründerzentren und 52 außeruniversitären Forschungsstätten[21]. Zwei Drittel der Absolventen bleiben in der Hauptstadt. Damit hat Berlin die höchste Forscher- und Akademikerdichte pro Kopf in Deutschland[22]. Von diesem beachtlichen Humankapital profitieren die Berliner Wirtschaft und auch die Start-ups, die häufig Fachkräfte suchen. Laut dem Deutsche Start-up Monitor 2014 planen Start-ups in den kommenden 12 Monaten durchschnittlich 10 Mitarbeiter[23] einzustellen. Dabei haben vor allem Unternehmen in

---

[18] Vgl. http://cortrium.com/#our-technology-2
[19] -Hampton, John: EKG auf einen Blick. Elsevier, Urban & Fischer Verlag, 2004
  - Vgl. http://flexikon.doccheck.com/de/Todeszeichen
[20] Vgl. http://cortrium.com/#our-technology-2
[21] Vgl. http://www.ihk-berlin.de/standortpolitik/Wirtschaftsstandort_Berlin/Standortvorteile_Berlins_und_Standortvergleiche/2184314/Wissenschaftsstandort_Berlin.html
[22] Vgl. http://www.berlin.de/wirtschaft/arbeitsmarkt/index.de.php
[23] Vgl. http://deutscherstartupmonitor.de/fileadmin/dsm/dsm-14/DSM_2014_PK_Slidedeck.pdf, S. 10

der Gesundheitswirtschaft großen Bedarf an hochqualifizierten Mitarbeitern, wobei insbesondere Fachkräfte mit Berufserfahrung gesucht werden, während es genug Universitätsabsolventen gibt[24]. So waren 53 % der Mitarbeiter in Biotech- und Pharma-Unternehmen Fachkräfte und 44 % Akademiker. In der Medizintechnik waren immerhin noch 17% der Mitarbeiter Akademiker und 57 % Fachkräfte[25].

Wie wichtig das Arbeitskräfteangebot eines Standortes für Start-ups ist, zeigt sich nicht nur in dem Start-up-Barometer der Wirtschaftsprüfungsgesellschaft Ernst & Young (ey), in dem die Verfügbarkeit von qualifizierten Mitarbeitern von 68 % der Start-ups als sehr wichtig eingeschätzt wurde[26], sondern auch an einer Antwort auf meinen Fragebogen. So schrieb das E-Commerce-Start-up Kiveda.de[27]:

„München war zunächst der Startstandort, allerdings ist das Skill-Angebot für E-Commerce Firmen in Berlin deutlich besser und günstiger."

Danach hat das Start-up seinen Standort nach Berlin verlegt. Meine Umfrage ergab außerdem, dass vor allem Gründungen von Studenten keine Probleme bei der Gewinnung von Mitarbeitern haben, da sie über ihren Kontakt zu bzw. an den Universitäten Mitarbeiter vermittelt bekommen.

4.1.2 Netzwerke und Veranstaltungen

Berlin ist der Sitz des Parlaments, der Bundesregierung und der Spitzenverbände der Wirtschaft. Durch die Nähe zu diesen Entscheidungsträgern können Start-ups in Berlin ihre Forderungen leichter umsetzen. Auch wenn es keinen Verband gibt, in dem alle Start-ups Mitglied sind, ist der Bundesverband Startups e.V. mit Sitz in Berlin die größte Interessenvertretung deutscher Start-ups. Neben der Öffentlichkeitsarbeit befasst sich der Verein mit der Erarbeitung von Forderungen an die Politik sowie dem Dialog mit politischen Entscheidungsträgern.

Daneben sind die Berliner Hochschulen nicht nur Ort der Lehre und Forschung, sondern ermöglichen auch die Bildung von Netzwerken und begünstigen damit Innovationsprozesse[28]. Die Zusammenarbeit zwischen Wissenschaft und Wirtschaft sowie die Kombination verschiedener Forschungsdisziplinen führen zu Innovationen. Damit muss es zu einem Austausch zwischen Start-ups, Kapitalgebern, Politik, etablierten Unternehmen, Forschungseinrichtungen und Studenten kommen, um eine

---

[24] Gneuss, Michael: „Ein toller Standort für die Gesundheit", in: Berliner Wirtschaft 11/2014, S. 22
[25] Vgl.
http://www.uckermark.de/PDF/Feldstudie_Bildungsbedarf_der_Gesundheitswirtschaft_in_Berlin_Brandenburg_IHK_Berlin_.PDF?ObjSvrID=553&ObjID=3297&ObjLa=1&Ext=PDF&WTR=1&_ts=1202456928
[26] Vgl. http://www.ey.com/Publication/vwLUAssetsPI/EY_Start-up_Barometer_2014/$FILE/EY-Start-up-Barometer-2014.pdf, S. 20
[27] Antwort des Unternehmens Kiveda (#1)
[28] Vgl. http://deutscherstartupmonitor.de/fileadmin/dsm/dsm-14/DSM_2014.pdf, S. 52

positive Gründungsdynamik herbeizuführen. Der Austausch kann ferner zu vertikalen und horizontalen Kooperationen führen, was wiederum zum Wissenstransfer beitragen kann[29]. Als gut vernetzter Wissenschaftsstandort bietet Berlin hierfür beste Voraussetzungen. So wirbt die Berlin Partner GmbH auf ihrer Internetseite: „Deutschlands Hauptstadt verbindet die Grundpfeiler wirtschaftlichen Erfolgs und wissenschaftlicher Innovation: Dichte, Vielfalt und Exzellenz"[30].

In der Gesundheitswirtschaft haben sich bereits mehrere Netzwerke geformt: Ein bedeutendes Netzwerk ist das 2009 gegründete Institut für angewandte Forschung e.V. (IfaF). In ihm arbeiten vier Hochschulen gemeinsam an momentan rund 30 Projekten mit der regionalen Wirtschaft. Dies führt zu einer stärkeren Kooperation zwischen Forschung und Wirtschaft[31]. Ein anderes Netzwerk der Gesundheitswirtschaft ist „HealthCapital", betrieben von Berlin und Brandenburg. Beide Bundesländer bündeln alle themenbezogenen Aktivitäten und konkreten Maßnahmen der interregionalen Zusammenarbeit unter der Dachmarke HealthCapital Berlin-Brandenburg. Ferner gibt es das Medizintechniknetzwerk medtecnet-BB[32].

Veranstaltungen führen zu einer größeren Öffentlichkeit der Szene und steigern damit auch die Bekanntheit eines Standorts auf internationaler Ebene. Daneben helfen Events, die Start-ups zu vernetzen, da es bei Veranstaltungen zum Kontakt zwischen Start-ups, etablierten Unternehmen und Interessenvertretern kommt. Der Standort Berlin schneidet im Ranking des Deutschen Startup Monitor in allen Unterkategorien zum Thema Netzwerk mit dem ersten Platz ab[33]. Auch in meiner Umfrage haben 43 Prozent das Netzwerk als wichtigen Faktor der Gründung angegeben.[34]

Zu den Events gehören unter anderem: Lange Nacht der Start-ups, re:plika, HEUREKA, Entrepreneurship Summit, hy!Berlin und die Next Berlin[35]. Speziell für die Gesundheitswirtschaft werden in Berlin als Regierungssitz und Sitz vieler Spitzenverbände der Wirtschaft viele Events veranstaltet: Unter anderem der 28. Treffpunkt Medizintechnik: Biologisierte Medizintechnik, das Investor's Dinner, der Hauptstadtkongress 2014 Medizin und Gesundheit und viele weitere. An der Menge dieser Veranstaltungen lässt sich erkennen, wie groß das Cluster Gesundheitswirtschaft Berlin ist.

---

[29] Vgl. http://www.berlin.de/sen/wirtschaft/wirtschaft-und-technologie/konjunktur-und-statistik/wirtschafts-und-innovationsbericht/ii-wirtschaft-forschung-und-technologie-in-berlin/artikel.41571.php
[30] Vgl. http://www.berlin-sciences.com/wissenschaftsstandort-berlin/
[31] Vgl. http://www.ifaf-berlin.de/
[32] Gneuss, Michael: „Ein toller Standort für die Gesundheit", in: Berliner Wirtschaft 11/2014, S. 22
[33] Vgl. http://deutscherstartupmonitor.de/fileadmin/dsm/dsm-14/DSM_2014.pdf, S. 53
[34] Siehe 10. Anhang, Ergebnisse Fragebogen [nicht enthalten]
[35] Sehen, vernetzen und gesehen werden, in: Digitale Wirtschaft in Berlin 10/ 2013, S. 16

Auch Wettbewerbe nehmen eine wichtige Rolle in der Szene ein. Hervorzuheben ist zum Beispiel der greentec-award[36] und der Eco12-Award[37]. Mit diesen werden Start-ups ausgezeichnet, die sich für Umweltschutz einsetzen.

4.1.3 Kooperationen von Start-ups mit der Wirtschaft

Wichtig für die Start-ups sind auch Kooperationen mit der Wirtschaft. Start-ups brauchen etablierte Unternehmen als Kunden, Partner, Investoren und Exit-Kanal[38]. Mehr Kooperationen könnten der Berliner Start-up Szene sehr helfen, da die Finanzierung bisher zu einem der größten Probleme der Start-ups zählt[39]. Eine Vernetzung zwischen Start-ups und etablierten Unternehmen ermöglicht daneben die Nutzung von Synergien und den Austausch von Ressourcen, Informationen, Fachkräften und Ideen. Eine derartige Kooperation findet zum Beispiel bei dem Inkubator[40] „CoLaborator Berlin" statt, den ich im Rahmen des Events „Data Privacy for mHealth Apps[41]" besuchte. Dieser Campus wird betrieben von Bayer Health Care und bietet Laborräume und Know-how. Durch die Zusammenarbeit mit Start-ups sollen Synergieeffekte erzielt werden. Beispielsweise haben im „CoLaborator" angesiedelte Start-ups Zugriff auf kapitalintensive Laborgeräte von Bayer. Bayer profitiert einerseits von den Innovationen und der hohen Agilität, die von den Start-ups ausgeht. Andererseits bedeutet das Wachstum der Start-ups durch die Unterstützung auch Beteiligungserträge für den Pharmakonzern, da Bayer an diesen Unternehmen beteiligt ist.

Neben dem „CoLaborator Berlin" ist der hub:raum der Deutschen Telekom ein weiterer Berliner Inkubator. In Gesprächen mit Unternehmen beider Inkubatoren stellte sich heraus, dass Mitarbeiter/Gründer mit der Unterstützung durch die Inkubatoren sehr zufrieden sind, da sie Unterstützung bei Formalitäten, Finanzierung und Büroräumen erhalten. Ein weiterer positiver Effekt von Inkubatoren ist, dass sie Teams aus ganz Europa mit ihren Unternehmen nach Berlin bringen. Start-ups, die Tochtergesellschaften von Großunternehmen sind, können jedoch den Nachteil haben, dass sie von den langsamen Entscheidungsstrukturen des Mutterunternehmens behindert werden.

---

[36] Vgl. http://www.greentec-awards.com/greentec-awards.html
[37] Vgl. http://ecosummit.net/award
[38] Ein Exit ist der Ausstieg von Investoren oder den Gründern aus dem Unternehmen mit möglichst hohem Gewinn
Vgl. https://deutschestartups.org/wp-content/uploads/2014/08/Startup-Verband_zur_Digitalen_Agenda.pdf, S. 4
[39] Vgl. http://www.mckinsey.de/sites/mck_files/files/berlin_gruendet_broschuere.pdf
[40] Inkubatoren sind Einrichtungen, die Unternehmen auf dem Weg der Existenzgründung bringen und sie dabei unterstützen
[41] Datenschutz bei mobilen Gesundheits-Apps

Neben Inkubatoren gibt es auch sogenannte Acceleratoren. Der Unterschied liegt darin, dass Inkubatoren eine langfristige Unterstützung anbieten, während Acceleratoren vor allem junge Start-ups (Early-Stage-Start-ups) nur für maximal vier Monate und vor allem durch Mentoring und Know-How unterstützen. Beispiele für Acceleratoren in Berlin sind der „Axel Springer Plug and Play Accelerator" und der „Microsoft Ventures Accelerator". Derartige Kooperationen finden jedoch noch zu selten statt, da die Berliner Start-up-Szene häufig unterschätzt wird.

Auch die Politik ist sich der Bedeutung dieser Kooperationen bewusst, wie die Antwort der CDU-Fraktion[42] auf meine Anfrage zeigt:

„Sehr geehrter Herr Farr, [...] mit jährlich etwa 40.000 Gewerbeneuerrichtungen weist Berlin eine enorm hohe Gründungsdynamik auf. Vor diesem Hintergrund wirbt die Senatorin für Wirtschaft, Technologie und Forschung, Frau Cornelia Yzer (CDU), regelmäßig für die Interessen der Berliner Start-up-Szene. Besondere Aufmerksamkeit schenkt die Senatsverwaltung dabei u.a. der Zusammenarbeit zwischen Konzernen und Start-ups [...]."

4.1.4 Flächenverfügbarkeit

Neben Laboren auf dem Gelände einer etablierten Firma sind Gründungszentren bzw. Technologieparks sehr attraktiv für Start-ups der Gesundheitswirtschaft, da diese dort relativ günstig und flexibel Laborräume mieten können. Die Nähe zu anderen Start-ups fördert die Kooperation und damit Synergien-Bildung etc. Neben den Vorteilen, die Technologieparks für Start-ups bieten, kann jedoch das Problem bestehen, dass Letztere weniger Mitgestaltungsrechte haben. So würde das Unternehmen Myelotherapeutics gerne den Umweltschutz verbessern, z.B. durch das Beziehen von Ökostrom, eine extensive Dachbegrünung sowie eine vogelfreundliche Gestaltung der Glasfassade, kann dies jedoch nicht, da der Umweltschutz am Biotech Campus Buch *„zentral koordiniert wird"[43]*. In der Hauptstadtregion Berlin gibt es mehr als 17 Gründerzentren und vier Technologieparks[44]. Dazu gehören z.B. der Berlinbiotechpark, der Campus Berlin-Buch und das Zentrum für Biotechnologie und Umwelt ZBU I in Adlershof. Die Gründerzentren können auch an den Universitäten angesiedelt sein. Dabei spricht man von sog. Prä-Inkubatoren: Sie unterstützen ihre Studenten, indem sie sie beraten sowie Infrastruktur zur Verfügung stellen.

Noch flexibler sind die sog. Coworking Spaces (Gemeinschaftsbüros). Dabei handelt es sich um Bürohäuser, in denen dem Mieter ein Arbeitsplatz sowie die nötige Infrastruktur wie Telefon- und Internetanschluss, Kopierer, Beamer oder ein

---

[42] Friederici, Oliver: „Unsere Antwort auf Ihre E-mail: Unterstützung von Start-ups" (2. Juni 2014)
[43] Antwort des Unternehmens Myelotherapeutics (#2)
[44] Vgl. http://www.gruenderzentren-in-berlin.de/

Konferenzraum zur Verfügung gestellt werden. In Berlin gibt es mehr als 17 Coworking Spaces[45]; das bekannteste Beispiel ist das Betahaus am Moritzplatz. Arbeitsplätze in den Gemeinschaftsbüros kosten nur etwa die Hälfte eines normalen Arbeitsplatzes. Des Weiteren gelingt der kreative Austausch besser, Unternehmen können einfach motivierte Mitarbeiter finden[46] und Investoren werden angelockt. Damit bieten Coworking Spaces neben Gründerzentren und Technologieparks gute Rahmenbedingungen für Start-ups, da sie extra auf diese ausgerichtet sind.

Klassische Bürogebäude sind vor allem teurer und unflexibler. Da Berlin mit 5,3 % die niedrigste Leerstandsquote von Büros im Vergleich zu anderen deutschen Großstädten hat, liegt die Verhandlungsmacht bei den Vermietern. Dennoch liegt das Preisniveau von Büroflächen in Berlin unterhalb des Niveaus von anderen Großstädten, vor allem im europäischen Vergleich. Während die Spitzenmieten in Berlin bei etwas mehr als 20 € liegen und der durchschnittliche Preis für Büroflächen bei 12,50 Euro/qm netto kalt[47], sind die Mieten in München, der größten Konkurrenz Berlins innerhalb Deutschlands als alternativer Standort für Start-ups, fast 10 € höher. Das europäische Zentrum für Start-ups, London, weist sogar Spitzenmieten von mehr als 60 € auf[48]. Die niedrigen Mietpreise Berlins sind ein wichtiger Standortfaktor. Jedoch könnte er in der Zukunft an Bedeutung verlieren, da die Mieten in Berlin aufgrund der niedrigen Leerstandsquote überdurchschnittlich stark steigen. Auf längere Sicht werden sich die Mietpreise in Berlin und München angleichen.

4.1.5 Verkehr und Infrastruktur

Die Verkehrsinfrastruktur der Hauptstadt mit ihrem sehr dichten Nahverkehrssystem von S-, U-Bahn und Bussen gehört zu den modernsten und leistungsfähigsten Europas[49]. Dennoch besteht nach einer Studie des Instituts der deutschen Wirtschaft (IW) in Berlin Investitionsbedarf in die Straßeninfrastruktur sowie in die Modernisierung und den Ausbau der IT- und Stromnetze. Diese Investitionen seien notwendig, damit die Wettbewerbsfähigkeit des Standorts nicht gefährdet werde. Daneben führe der überlastete Öffentliche Personennahverkehr (ÖPNV) mit seinen Ausfällen und Verspätungen zur Unpünktlichkeit der Mitarbeiter[50]. Dieser Umstand, wie auch die Negativnachrichten über die verspätete Eröffnung des Flughafens BER, führen zu einem Imageverlust Berlins. Beispielsweise wurde in einer Folge des Deutschen Welle Wirtschaft-Podcast vom 11.05.2014 darüber berichtet, dass Deutschland für Investoren

---

[45] Vgl. http://www.coworking-news.de/coworking-verzeichnis/#berlin
[46] Coworking Space statt Garage, in: Digitale Wirtschaft in Berlin 10/ 2013, S. 12
[47] Digitalstandort Berlin- Zahlen und Fakten, in: Digitale Wirtschaft in Berlin 10/ 2013, S. 4
[48] Siehe Abb. 1
[49] Vgl. http://www.berlin.de/berlin-im-ueberblick/wirtschaft/infrastruktur.de.html
[50] Schulze: Von nichts kommt nichts – eine moderne Infrastruktur muss her, in: Berliner Wirtschaft 4/ 2014, S. 23

weniger attraktiv ist, nachdem lange Verzögerungen von großen Bauvorhaben wie dem BER bekannt wurden.

4.1.6 Unterstützung durch Institutionen

Eine der wohl bekanntesten Unterstützungsmaßnahmen in Berlin ist der Businessplan-Wettbewerb Berlin-Brandenburg, da dort alle Gründer teilnehmen können, die Teilnahme kostenlos ist und sich daraus keine Verpflichtungen ergeben. 2013 nahmen 566 Unternehmen teil. Die Unterstützung ist vornehmlich auf die Entwicklung eines tragfähigen Geschäftskonzeptes ausgerichtet und erfolgt in Form von Seminaren und Beratungen. Der Wettbewerb ist auch zur Bildung von Netzwerken geeignet. Eigentliches Ziel bei der Teilnahme am Wettbewerb ist jedoch das gute Abschneiden im Wettbewerb und damit das Erlangen von Preisgeld.

Die Stadt Berlin hilft Gründern zudem mit der Minimierung von Bürokratie und der Bereitstellung von Informationen in verschiedenen Sprachen. Auf dem Portal „gruenden-in-berlin.de" finden angehende Chefs Informationen in verschiedenen Sprachen, neben Deutsch etwa auf Englisch, Russisch und Türkisch. Die Senatsverwaltung verweist auf den „einheitlichen Ansprechpartner" im Internet. Dort sollen Gründer auf einer Internetseite alle die Behörden betreffenden Tätigkeiten erledigen können, zum Beispiel Gewerbescheine beantragen. Dieses Angebot wurde im ersten Halbjahr 2014 von mehr als 3.081 Gründern genutzt[51]. Jüngst wurde die Start-up Unit gegründet. Diese wurde Anfang Oktober 2014 bei Berlin Partner eingerichtet. Hauptaufgabe ist das Schaffen von Transparenz für die Gründer und die Vermittlung an die richtigen Ansprechpartner[52].

4.1.7 Finanzierung

Die Finanzierung ist einer der wichtigsten Aspekte der Gründung und gleichzeitig eine der schwierigsten Aufgaben. So haben 64 % aller Experten der Industrie- und Handelskammer (IHK) gesagt, dass Gründer wissensintensiver Projekte unzureichenden Zugang zu Eigenkapitalgebern haben[53].

Es ist zwischen sogenannten Business Angels und Venture-Capital-Gebern (VCGs) zu unterscheiden. Business Angels sind Privatpersonen, die ihr eigenes Kapital in Start-ups investieren. Damit sind sie engagierter in den Unternehmen als VCGs, das heißt, dass sie ihren Unternehmen beratend und unterstützend zur Seite stehen. Außerdem

---

[51] Zahl des Monats, in: Berliner Wirtschaft, 09/2014, S. 6
[52] Visser, Corinna: Eine Anlaufstelle für alle, in: Der Tagesspiegel, 11.10.2014
[53] Vgl: http://www.dihk.de/ressourcen/downloads/dihk-grunderreport-2014. S. 22, S. 24

geben sie betriebswirtschaftliche Kenntnisse weiter und vermitteln mögliche Partner[54]. Sie investieren meistens geringere Beträge als Venture-Capital-Unternehmen zu einem früheren und damit riskanteren Zeitpunkt[55].

Im Deutschen Start-up Monitor 2013 haben über 70 % der Unternehmen den Erhalt von Venture Capital als schwierig bezeichnet[56]. Dabei stammen 53 % der von Berliner Start-ups erhaltenen VC-Gelder von ausländischen Investoren. Dieser Anteil ist dreimal so hoch wie der deutsche Durchschnitt[57]. Dies ist positiv zu bewerten, da vor allem amerikanische VCGs den Zugang zum amerikanischen Markt erleichtern, durchschnittlich sieben mal höhere Finanzierungen bieten können und über ein größeres Partnernetzwerk zum Wissensaustausch verfügen, als deutsche VCGs[58].

Vor allem für Gründungen im Forschungs- und Entwicklungs (FuE)-Sektor, also auch in der Gesundheitswirtschaft, ist ein hohes Startkapital notwendig, durchschnittlich 1,5 Mio. Euro[59]. Weiteres Problem bei der Finanzierung in der Gesundheitswirtschaft ist, dass Produkte zunächst jahrelange Forschung erfordern und erst nach dieser Entwicklungszeit Umsätze und eventuell Gewinne erwirtschaftet werden[60]. Problematisch daran ist, dass VCGs den Unternehmensverkauf bereits nach kurzer Zeit (ab drei Jahren) anstreben, während die Entwicklung eines Produkts in der Gesundheitswirtschaft länger dauern kann (durchschnittlich fünf Jahre[61]). Das bedeutet, dass VCGs nur bedingt für die Finanzierung von Unternehmen der Gesundheitswirtschaft geeignet sind.

Eine Alternative zu VCGs sind Business Angels. Diese spielen in Berlin eine größere Rolle bei der Gründungsfinanzierung (für 32 % der Befragten sehr wichtig) als im restlichen Deutschland (23 %)[62].

Zur Finanzierung sind neben VCGs und Business Angels auch staatliche Förderungen möglich, wie folgende Aussage von dem Gründer David Haber zeigt[63]:

„Kurz nach der Gründung wurden wir als Unternehmen in ein Förderungsprogramm (Healthbox) in London aufgenommen. Da die uns ein wenig finanzielle Mittel und kostenlose Büros zur Verfügung bereit stellten, entschieden wir uns nach London zu gehen. Dazu kommt, dass die Anbindung an Investoren und generell Förderung in

[54] Garbs, Holger: Assetklasse mit vielen Gesichtern, in: VentureCapital Magazin 09/2014, S. 15
[55] Ortgiese: Entrepreneurship, Venture Capital und Investment Banking, S. 12
[56] Vgl. https://deutschestartups.org/wp-content/uploads/2013/07/DeutscherStartupMonitor2013.pdf, S. 4
[57] Ebenda, S. 5
[58] Ebenda, S. 10
[59] Pepel: BWL-Wissen zur Existenzgründung: Praxiswissen Wirtschaft. expert verlag, 2003, S. 78
[60] -Schultz; Wagner: Finanzierung technologieorientierter Unternehmensgründungen in Deutschland, S. 46
-Beantwortung des Unternehmens TISSUE (#47)
[61] Beantwortung des Unternehmens TISSUE (#47)
[62] Vgl. https://deutschestartups.org/wp-content/uploads/2013/07/DeutscherStartupMonitor2013.pdf, S. 5
[63] Haber, David: „Re: Fragebogen Berlin als Standort" (27.05.2014)

UK/USA zurzeit noch besser ist. Hier in Deutschland und Berlin ist noch nicht so das große Geld da. Es kommt aber immer mehr hier hoch..."

Diese Aussage zeigt auch, dass die Verfügbarkeit von Geld über die Standortwahl entscheidet. Die in Berlin möglichen 85 Fördermethoden durch die öffentliche Investitionsbank Berlin (IBB) werden in der Förderfiebel dargestellt. Ein Beispiel ist der Berlin Kredit Innovativ. Mit ihm können alle innovativen Berliner Unternehmen gefördert werden, das heißt auch Unternehmen der Gesundheitswirtschaft. Es handelt sich dabei um einen Kredit in der Regel in Höhe von 100.000 bis 500.000 Euro[64]. Optional gibt es auch noch eine subventionierte Beratung zu allen Fragen der Unternehmensführung durch das Programm „Coaching BONUS" der IBB Business Team GmbH. Diese Beratung hat auch eines der von mir befragten Start-ups (Myelotherapeutics) in Anspruch genommen.

Die Bedeutung der Unterstützung durch öffentliche Venture-Capital-Geber (VCG) lässt sich daran erkennen, dass Start-ups in Berlin, die VC-Gelder bekommen haben, diese zu 55 % von einem öffentlichen Investor erhalten haben. Außerhalb Berlins haben nur 34 % der von VCGs unterstützten Start-ups Geld von öffentlichen VCGs bekommen[65]. Deshalb werden Fördermittel in Berlin als wichtiger erachtet als außerhalb der Hauptstadt (31 % der Berliner Start-ups finden diese Fördermaßnahme sehr wichtig gegenüber 23 % außerhalb der Hauptstadt)[66].

Zusammenfassend bietet Berlin nicht nur viele verschiedene Unterstützungs-möglichkeiten von öffentlicher Seite, sondern schneidet auch bei Finanzierungen durch VCGs und Business Angels besser ab als das restliche Deutschland. Dies wurde ebenso im ey-Start-up-Barometer, einer Befragung von 151 deutschen Start-ups, deutlich, in dem 85 % der befragten Berliner Start-ups die Finanzierung in der Hauptstadt als gut oder eher gut bewerteten, während die Finanzierung in Deutschland nur von 74 % der Befragten als gut oder eher gut bewertet wurde[67]. Jedoch ist weder das Erlangen von Fördergeldern noch von VC-Geldern einfach:

„Förderung war nur eine Hoffnung, die sich bis heute nicht materialisiert hat." - Myelotherapeutics[68]

Deshalb müssen sich viele Unternehmen anderweitig finanzieren. Freunde oder die Familie sind Hauptgeldgeber für 25 % der Start-ups[69]. Darüber hinaus gibt es die

[64] Vgl. http://www.ibb.de/PortalData/1/Resources/content/download/ibb_service/publikationen/foerderfiebel_2013-2014.pdf, S. 63
[65] Vgl. https://deutschestartups.org/wp-content/uploads/2013/07/DeutscherStartupMonitor2013.pdf, S. 5
[66] Ebenda, S. 5
[67] Vgl. http://www.ey.com/Publication/vwLUAssetsPI/EY_Start-up_Barometer_2014/$FILE/EY-Start-up-Barometer-2014.pdf, S. 23
[68] Antwort des Unternehmens Myelotherapeutics (#2)

Finanzierungsmöglichkeit des Crowdfunding über Online-Portale wie das amerikanische Kickstarter oder Indiegogo oder das deutsche Companisto. Jedoch handelt es sich bei der Finanzierung mithilfe derartiger Portale nicht um einen Standortfaktor, da die Finanzierung rein online abläuft.

4.2 Weiche Standortfaktoren

Weiche Standortfaktoren sind im Gegensatz zu harten Standortfaktoren nur schwer messbar. Ihre Bedeutung ist im Wesentlichen von subjektiven Einschätzungen geprägt, sie können jedoch von großer Bedeutung für die Ansiedlungsentscheidung eines Unternehmens sein.

4.2.1 Gründermentalität

In Deutschland ist der Gründungsgedanke noch nicht so weit verbreitet. Nach einer repräsentativen Bitkom[70]-Umfrage wissen nur 32 % der Deutschen, was der Begriff Start-up bedeutet. Bei diesen führt der Begriff Start-up jedoch häufig zu positiven Assoziationen. So denken 83 %, dass Start-ups Arbeitsplätze schaffen, 82 % glauben an die Innovationskraft und 71 % sehen die Gründer als bedeutend für die deutsche Zukunft an[71]. Eine bessere Unterstützung der Start-ups durch die Politik trifft auch auf Zustimmung. 63 % der Befragten sind für mehr öffentliche Förderung zur Anschubfinanzierung. 62 % stimmen dem Vorschlag zu, Investoren und Gründer für ihr Risiko mit steuerlichen Vorteilen zu belohnen. Rund zwei Drittel wünschen sich mehr Informationen über das Gründen und eine bessere Vorbereitung auf das Gründen durch Schulen und Hochschulen. Der Vizepräsident von Bitkom, Herr Dietz, sagt dazu: *„Wir brauchen mehr Gründergeist und Unternehmertum"*[72].

In dem Global Entrepreneur Monitor 2013[73], der von der Leibniz Universität Potsdam herausgegeben wurde, wurde festgestellt, dass in Deutschland fast 50 % der potentiellen Gründer aufgrund der Angst zu Scheitern letztendlich nicht gründen[74]. Die Angst vor dem Scheitern führt dazu, dass die Gründerquote (TEA-Quote[75]) in Deutschland mit 5 % sehr viel niedriger ist als beispielsweise in den USA (ca. 13 %)[76].

---

[69] Hahn: Finanzierung und Besteuerung von Start-up-Unternehmen: Praxisbuch für erfolgreiche Gründer, S. 5
[70] Der Bundesverband Informationswirtschaft, Telekommunikation und neue Medien e.V. (BITKOM) ist der Branchenverband der deutschen Informations- und Telekommunikationsbranche
[71] Bitkom- Umfrage zu Start-ups, in: Berliner Wirtschaft, 04/2014, S. 59
[72] Vgl. http://www.bitkom.org/de/presse/8477_78860.aspx
[73] Vgl. http://www.wigeo.uni-hannover.de/fileadmin/wigeo/Geographie/Forschung/Wirtschaftsgeographie/Forschungsprojekte/laufende/GEM_20 13/gem2013.pdf
[74] Siehe Abb. 3
[75] Anteil all jener 18- bis 64-Jährigen, die „werdende Gründer" oder Gründer „junger Unternehmen" sind, bezogen auf die Gesamtheit der 18- bis 64-Jährigen
[76] Siehe Abb. 4

Außerdem denken 63,3 % der Gründer, dass die Toleranz der Gesellschaft gegenüber dem Scheitern eher niedrig ist[77].

4.2.2 Persönliche Verbundenheit zum Standort

Meine Umfrage hat ergeben, dass der Wohnsitz des Gründers ein wesentliches Kriterium für die Ansiedlung von Start-ups ist. 63,4 % der Befragten gaben dies als Grund an, in Berlin zu gründen. Damit ist dies der wichtigste Standortfaktor für die in meiner Umfrage befragten Unternehmen.[78]

4.2.3 Wohn- und Freizeitwert

Berlin zeichnet sich durch Offenheit, Internationalität[79], Kreativität[80] und Toleranz aus. Daneben bietet die Hauptstadt urbane Vielfalt, eine hohe Lebensqualität und ein großes Freizeitangebot. All dieses trägt zur guten Work-Life-Balance Berlins bei, die junge Talente nach Berlin zieht[81].

4.2.4 Lebenshaltungskosten

Die teuerste Stadt Deutschlands ist nach wie vor München. Hier liegen die Lebenshaltungskosten laut Verbraucherpreisindex 27,2 % über dem Bundesdurchschnitt, in Hamburg sind es 15,9 %. Berlin liegt zwar 2,8 % über dem Durchschnitt, ist damit aber eindeutig die günstigste der drei Städte[82]. Dies hat sich in den letzten zehn Jahren wenig verändert.

Nur bei den Mieten gab es einen drastischen Wandel, da die Mieten in Berlin am stärksten gestiegen sind. In Hamburg liegt die Miete nach dem Mietspiegel im Oktober 2014 für eine 60 qm Wohnung bei 10,26 €/qm[83] und in München bei 14,36 €/qm[84]. In Berlin liegt die Miete nach dem aktuellen Mietspiegel bei 8,56 €/qm; 2011 lag sie noch bei 6,17 €/qm[85]. Die Mietpreise sind also innerhalb von drei Jahren um fast 39 % gestiegen. Durch die starken Mietpreissteigerungen verliert Berlin seinen Wettbewerbsvorteil. Berlin weist aber insgesamt immer noch relativ niedrige Lebenshaltungskosten auf.

---

[77] Vgl. http://deutscherstartupmonitor.de/fileadmin/dsm/dsm-14/DSM_2014_PK_Slidedeck.pdf, S. 17
[78] Siehe 10. Anlage Ergebnisse Fragebogen [nicht enthalten]
[79] -Vgl. http://www.dw.de/factory-f%C3%BCr-gr%C3%BCnder-neuer-start-up-campus-lockt-talente-nach-berlin/av-17751906
-Mehr als 50 % der Gründer bei dem Event Data Privacy for mHealth Apps waren englischsprachig
[80] Witte, Markus: Warum haben Sie Babbel in Berlin gegründet und hier auch den Hauptsitz angesiedelt?, in: Digitale Wirtschaft in Berlin 10/ 2013
[81] Vgl. http://www.faz.net/aktuell/beruf-chance/arbeitswelt/2500-startups-wir-gruenden-in-berlin-12119455.html
[82] Vgl. http://www.tagesspiegel.de/wirtschaft/berlin-hamburg-muenchen-in-welcher-stadt-man-das-meiste-von-seinem-einkommen-hat/9317780.html
[83] Vgl. http://www.wohnungsboerse.net/mietspiegel-Hamburg/3195
[84] Vgl. http://www.wohnungsboerse.net/mietspiegel-Muenchen/2091
[85] Vgl. http://www.wohnungsboerse.net/mietspiegel-Berlin/2825

5. Quantifizierung - Städte im Vergleich

5.1 Talente, Technologie, Toleranz (TTT) - Floridas Modell

Mit dem TTT-Index kann die Attraktivität eines Standortes für die sogenannten Kreativen und damit auch für Gründer bestimmt werden. Gründer gehören nach der Definition des US-amerikanischen Ökonomen und Professors Richard Florida zu den Hochkreativen, da sie innovativ sind und kommerzielle Produkte erstellen. Nach einer Studie des Berlin Instituts nimmt Berlin im Ranking der deutschen Bundesländer bezüglich der Indexwerte nach Floridas TTT-Modell den ersten Platz ein[86]. Im Vergleich mit kreisfreien Städten landet Berlin immer noch auf Platz zwei nach München[87]. Allerdings erfüllt Berlin nicht Floridas These, dass die Attraktivität einer Stadt für Kreative automatisch zu einem hohem Bruttoinlandsprodukt und einer niedrigen Erwerbslosenquote der betreffenden Region führt[88].

5.2 Internationales Ranking des Start-up-Ökosystems Berlin

Das Beratungshaus Genome hat die Start-up Szene in den größten Start-up-Ökosystemen weltweit mit dem internationalen Ranking „Start-up Ecosystem Index"[89] weltweit untersucht. Darin schneidet Berlin mit dem 15. Platz ab. Das Ranking setzt sich aus vielen verschiedenen Indizes zusammen, die alle eine Bedeutung für die Qualität des Standortes für Start-ups haben. Am besten schneidet die Hauptstadt im Trendsetter Index ab. Dies ist auf die Funktion Berlins als Modellstadt vor allem in der Urban Tech-Branche (also Clean Tech, Elektronik und Mobilität) zurückzuführen.

5.3 Nationales Ranking

Aus Abbildung 2 wird ersichtlich, dass Berlin die höchste Gründerquote von allen Bundesländern in Deutschland hat. Die beiden anderen Stadtstaaten Hamburg und Bremen belegen die Plätze zwei und drei. Daran lässt sich erkennen, dass Stadtstaaten bei der Gründerquote besser abschneiden als Flächenstaaten, da sich Gründer aufgrund der besseren Standortfaktoren in Städten bevorzugt dort ansiedeln. Deswegen sagt die Gründerquote nach Bundesländern nichts über die Qualität einer Stadt aus, da sie durch große Bevölkerungszahlen im ländlichen Raum der Flächenstaaten verfälscht wird. Dies lässt sich auch am Beispiel von Bayern erkennen, das als Flächenstaat nur den 9. Platz bei der Gründerquote einnimmt.

---

[86] Siehe 8. Abbildungsverzeichnis, Abb. 5
[87] Siehe 8. Abbildungsverzeichnis, Abb. 6
[88] Vgl. http://dare.uva.nl/cgi/arno/show.cgi?fid=164764, S.1
[89] Siehe 8. Abbildungsverzeichnis, Abb. 7

Im Ernst & Young (ey)-Start-up-Barometer belegt Bayern jedoch den zweiten Platz. Im ey-Start-up-Barometer wurden insgesamt 151 Start-ups aus allen Teilen Deutschlands vor allem über die Zufriedenheit mit ihrem Standort befragt. Auch hier schneidet Berlin mit dem ersten Platz ab. Das heißt, dass Berlin von den meisten Start-ups als bester Standort für Start-ups innerhalb Deutschlands bewertet wurde. Damit bestätigt das ey-Start-up-Barometer das gute Rating von Berlin als Standort von Start-ups. Bayern und Hamburg folgen mit großem Abstand auf Platz zwei und drei[90]. Außerdem bewerten die Berliner Start-ups die Rahmenbedingungen in Berlin am besten; 65 % der dort ansässigen Unternehmen bewerten die Rahmenbedingungen als gut. Auch in dieser Kategorie belegt Bayern den zweiten Platz, jedoch haben nur 38 % der dort ansässigen Start-ups die Rahmenbedingungen als gut bezeichnet[91].

6. Verbesserungsvorschläge und Kritik für den Standort Berlin

6.1 Abbau von Bürokratie und Erleichterungen

Bürokratie ist in Deutschland allgemein ein großes Problem. Auch Start-ups sind davon betroffen. 27 von 100 der von mir Befragten gaben an, dass die Bürokratie trotz der bereits erfolgten Verbesserungen weiter vereinfacht werden sollte. 9 % fordern dabei explizit eine Erleichterung der Einstellung von Personen ausländischer Herkunft.[92] Mit diesem Ergebnis wird die Bedeutung von ausländischen Arbeitnehmern für die wirtschaftliche Entwicklung der international ausgerichteten Berliner Start-up-Szene deutlich. Um ausländischen Fach- und Führungskräften den Neueinstieg in Berlin zu erleichtern, hat der Berliner Senat im Juli 2014 die Internetseite http://www.talent-berlin.de/ gestartet, auf der alle Informationen gebündelt und übersichtlich dargestellt werden[93]. Dennoch sollte die Beschäftigung von Nicht-EU-Bürgern weiter erleichtert werden.

Bemängelt wird auch die Dauer der Unternehmenseintragung[94]. In Gesprächen mit ausländischen Gründern im Bayer Accelerator stellte sich heraus, dass an anderen europäischen Standorten wie in Portugal die Unternehmenseintragung sehr viel schneller möglich ist[95].

Die Errichtung des Technologie-Gründer-Zentrum (TGZ) ist ein Beispiel, bei dem es innerhalb der Berliner Behörden zu langen Entscheidungsdauern und Unklarheiten

---

[90] Siehe 8. Abbildungsverzeichnis, Abb. 8
[91] Siehe 8. Abbildungsverzeichnis, Abb. 9
[92] Siehe 10. Anhang Ergebnisse Fragebogen [nicht enthalten]
[93] Vgl. http://www.tagesspiegel.de/wirtschaft/portal-fuer-fach-und-fuehrungskraefte-willkommen-in-der-hauptstadt/10129620.html
[94] Vgl. http://www.dw.de/studiogespr%C3%A4ch-mit-travis-todd-berlin-ein-%C3%B6kosystem-f%C3%BCr-gr%C3%BCnder/av-17751912
[95] Antwort des Unternehmens pharm assistant (#61)

kam. Dem Grünenpolitiker Olalowo zufolge will die Wirtschaftsverwaltung das Konzept für das TGZ erst vorlegen, wenn der Finanzsenator die Liegenschaft übertragen hat. Dieser möchte die Liegenschaft jedoch erst übertragen, wenn die Wirtschaftsverwaltung ein Konzept vorlegt[96].

Der Deutsche Industrie- und Handelskammertag (DIHK) hat vorgeschlagen, Start-ups zum Beispiel beim Kündigungsschutzgesetz privilegiert zu behandeln[97]. Außerdem würde es ausreichen, wenn sie die Umsatzsteuervoranmeldung vierteljährlich (statt monatlich) abgeben müssten[98]. Weitere von dem DIHK vorgeschlagenen Maßnahmen sind die Abschaffung des Formulars „Einnahme-Überschussrechnung", die Erhöhung der steuerlichen Kleinunternehmergrenze sowie die Vereinfachung der Gründung in ehemals privat genutzten Räumen[99].

6.2 Finanzierung

Mit dem Reformpaket für die Bankenregulierung Basel III wurden neue Eigenkapital- und Liquiditätsvorschriften eingeführt. Dies führt dazu, dass Kreditinstitute noch stärker auf Risiken achten müssen, was Auswirkungen auf Start-ups hat, da diese einen unsicheren Markterfolg und ein hohes Kreditrisiko haben[100].

Im Jahr 2012 wurden 521 Mio. Euro in Start-ups in Deutschland investiert. Dies ist jedoch nur ein Bruchteil von den 20 Mrd. Euro in den USA[101]. Jens Begemann, Gründer des Spieleentwicklers Wooga und einer der erfolgreichsten Berliner Newcomer, identifiziert einen Zyklus von Problemen: "Zu wenig skalierbare innovative Ideen, die Kapital anziehen; demzufolge zu wenig Wachstumskapital und daraus resultierend zu wenige Unternehmensverkäufe (Exits)"[102]. Während es in New York 2012 185 bis 242 Exits waren, waren es in Berlin nur 14 bis 18[103]. Wegen der geringen Zahl solcher Exits in Berlin gibt es zu wenig neue Investoren, die ihr Kapital wiederum in Start-ups investieren, da sie nicht wissen, ob sie ihr Geld mit Gewinn zurückbekommen. Deshalb waren die aktuellen Börsengänge von Zalando und Rocket Internet sehr wichtig für die Szene.

---

[96] Vgl. http://www.tagesspiegel.de/wissen/gruenden-in-berlin-fu-vermisst-sicherheit-beim-geplanten-gruenderzentrum/9543172.html
[97] Vgl. https://deutschestartups.org/wp-content/uploads/2014/08/Startup-Verband_zur_Digitalen_Agenda.pdf, S. 7
[98] Vgl. http://www.dihk.de/ressourcen/downloads/dihk-grunderreport-2014, S. 6
[99] Ebenda, S. 26
[100] Ebenda, S. 24
[101] Ortgiese; Velten: Entrepreneurship, Venture Capital und Investment Banking, S. 3-4
[102] http://www.morgenpost.de/berlin-aktuell/startups/article120691793/Wie-Berlin-zur-fuehrenden-Start-up-Metropole-Europas-wird.html
[103] Vgl. http://www.morgenpost.de/berlin-aktuell/startups/article120691793/Wie-Berlin-zur-fuehrenden-Start-up-Metropole-Europas-wird.html

34 % der von mit befragten Start-ups wünschen sich mehr VC-Geber und 14 % sind mit der öffentlichen Förderung unzufrieden.[104] Der Geschäftsführer von Myelotherapeutics Till Erdmann sagte dazu: „Förderung ist z.T. sehr subjektiv (Einschätzung Förderfähigkeit stark abhängig vom jeweiligen Gutachter oder Sachbearbeiter). Der [...] Aufwand bis zur Prüfung eines Förderantrages ist sehr hoch, schwierig für kleine Unternehmen"[105].

Das Erlangen von Fördermitteln ist also teilweise mit großem Aufwand verbunden[106]. Dieser muss jedoch von den Unternehmen in Kauf genommen werden, da im Start-up-Ökosystem Berlin noch zu wenig Kapital von privaten Geldgebern zur Verfügung steht. Um diese begrenzten Mittel besteht deshalb einen starken Wettbewerb zwischen den Start-ups. Daneben besteht das Problem, dass es zu wenige professionelle und erfahrene Venture Capital Geber gibt[107].

Eine Lösung für dieses Problem wäre eine mit weniger Aufwand verbundene Vergabe von Fördermitteln. Außerdem sollten mehr Fördermittel (in Form von zinsgünstigen Darlehen und Beteiligungen) zur Verfügung gestellt werden. Meiner Meinung nach wären dafür mehr gemeinsame Investitionen von öffentlichen Geldgebern zusammen mit privaten Investoren in Start-ups ein gutes Förderinstrument. Dies wird bereits von dem öffentlichen Kapitalgeber IBB mit dem Förderprogramm IBB Bet[108] und dem Bundesministerium für Wirtschaft und Energie mit Inves dem Investitionszuschuss Wagniskapital[109] gehandhabt. Darüber hinaus sollte eine weitergehende Förderung für die Rechts- und Steuerberatung angeboten werden, für die es noch keine Förderung gibt[110]. Diese könnte auch durch die Bereitstellung eines Beraters in der Start-up Unit[111] realisiert werden.

Es ist nahezu unmöglich, im Vorhinein zu erkennen, welche Unternehmen stark wachsen werden. Deshalb sollten die Grundbedingungen für alle Unternehmen ausgeglichen positiv gestaltet sein, die wenigen mit intensivem Wachstum sollten dann speziell gefördert werden[112]. Es bietet sich also schon eine Förderung im frühen Entwicklungsstadium an.

---

104 Siehe 10. Anhang Ergebnisse Fragebogen [nicht enthalten]
105 Antwort des Unternehmens Myelotherapeutics (#2)
106 -Antwort des Unternehmens Zehndetails (#82): Für das Einreichen eines Exist-Antrages müssen 50 Seiten Formulare und Dokumente ausgefüllt werden
   -Antworten von Mitgründer.com (#14); hoard (#43); Myelotherapeutics (#2)
107 - Antwort des Start-ups Sota Solutions (#13) im Gespräch
   - Jozefak: Problemkind VC, S. 63
108 Vgl. http://www.tagesspiegel.de/wirtschaft/risikokapital-wer-es-wagt/6935970.html
109 -Garbs, Holger: Assetklasse mit vielen Gesichtern, in: VentureCapital Magazin 09/2014, S. 15
   -Vgl. http://www.bafa.de/bafa/de/wirtschaftsfoerderung/invest/
110 Antwort des Unternehmens Ecotastic (#42)
111 vgl. 4.1.5 Unterstützung durch Institutionen
112 Schultz; Wagner: Finanzierung technologieorientierter Unternehmensgründungen in Deutschland, S. 27

Die CDU-Fraktion Berlin möchte private Wagniskapitalgeber unterstützen. Dafür sollen inländische Wagniskapitalgeber mit Streubesitzbeteiligungen an inländischen Start-ups gemäß § 8b Körperschaftsteuergesetz von der Körperschaftsteuer auf Dividenden und Veräußerungserlöse befreit bleiben. Diese Befreiung könnte auch auf ausländische Wagniskapitalgeber mit Streubesitzbeteiligungen an inländischen Start-ups erstreckt werden[113]. Diese Maßnahme würde Deutschland als Investitionsziel international attraktiver machen.

Daneben sollte es ein Aktiensegment für Start-ups geben[114], da so die Investition in Start-ups vor allem für Kleininvestoren erleichtert werden kann. Außerdem würde dies mehr Exits ermöglichen. Dies würde wiederum die Attraktivität für Investoren verbessern[115].

6.3 Unterstützung durch Universitäten

Mehrere Experten[116] fordern, dass der Unternehmergeist schon in der Schule und der Universität gefördert werden sollte. So bewerten 44 % der Start-ups das deutsche Schulsystem im Hinblick auf die Förderung und Vermittlung von unternehmerischen Denken und Handeln als ungenügend[117].

Konkrete Maßnahmen werden in einem Bericht der Unternehmensberatung McKinsey vorgeschlagen[118]. Danach würde eine zeitliche Flexibilität für Ausgründungen und Gründungsaktivitäten an Universitäten (beispielsweise in Form eines Gap Years) Studenten und Professoren die Gründung erleichtern. Auch wenn es bereits viel Unterstützung durch die Universitäten in Form von Kurs- und Coachingangeboten sowie durch Gründungszentren gibt, die von den Start-ups als positiv bewertet werden[119], kann diese Unterstützung verbessert und ausgebaut werden. So sollten diese Angebote innerhalb der Berliner und Brandenburger Hochschullandschaft besser koordiniert und abgestimmt werden, um Ressourcen besser zu nutzen. Anreize für ein verstärktes Gründen wäre eine Preisverleihung für die gründungsstärkste Universität oder den gründungsstärksten Professor. Eine weitere Maßnahme, die ich für sehr gut halte, ist das Auswählen der erfolgreichsten Gründer und Gründungsunterstützer und

---

[113] - Vgl. http://www.cdu-fraktion.berlin.de/lokal_1_1_99_Wettbewerbsfaehigkeit-staerken--Liquiditaet-fuer-Berliner-Start-Ups-sichern.html
- Vgl. http://www.gruenderszene.de/recht/gesetzesaenderung-exit-holdings
[114] Vgl. https://deutschestartups.org/wp-content/uploads/2014/08/Startup-Verband_zur_Digitalen_Agenda.pdf, S. 3
[115] Schmidt, Holger: Mehr Börsengänge für die Tech-Branche, in: Focus Nr. 42/14
[116] -Brandt: Die Netzwerker, in: Berliner Wirtschaft, 4/ 2014, S. 58
-Vgl. http://www.mckinsey.de/sites/mck_files/files/berlin_gruendet_broschuere.pdf, S. 43 f. (Initiative: Neue Berliner Gründerzeit)
-Ein befragtes Unternehmen (#9)
-Vgl. https://deutschestartups.org/wp-content/uploads/2014/08/Startup-Verband_zur_Digitalen_Agenda.pdf, S. 2
[117] Vgl. http://deutscherstartupmonitor.de/fileadmin/dsm/dsm-14/DSM_2014_PK_Slidedeck.pdf, S. 16
[118] http://www.mckinsey.de/sites/mck_files/files/berlin_gruendet_broschuere.pdf, S. 43 f.
[119] Beantwortung #6, #16

der Verewigung dieser auf einem „Walk of Fame". Damit würde das Thema Gründung in der Öffentlichkeit mehr präsent werden. Ein Ansatz, der bereits umgesetzt wird, ist der Wettbewerb "EXIST-Gründungskultur - Die Gründerhochschule"[120]. Außerdem sollten in Schulen und Hochschulen mehr Begegnungen zwischen Gründern und jungen Menschen erfolgen.

6.4 Infrastruktur

Der relativ schlechte Zustand der Berliner Infrastruktur und des öffentlichen Personennahverkehrs führt zu Wettbewerbsnachteilen, aber auch zu Imageproblemen. Diese Probleme sollten mittels hoher Investitionen behoben werden.

Aufgrund der niedrigen Leerstandquote ist es für Unternehmen schwierig, neue Büroflächen zu finden. Dabei besteht vor allem ein Mangel von zentral gelegenen (flexibel anmietbaren) Büroflächen, die vor allem zur Repräsentation geeignet sind. Damit werden langfristig die Mietpreise steigen, sodass ein Neubau von Büros, aber auch von Wohnungen (für niedrige Lebenshaltungskosten), angestrebt werden sollte. Da vor allem staatliche Gründerzentren kostengünstigen Raum für Start-ups bieten, sollten insbesondere mehr Gründerzentren zur Verfügung gestellt werden.

7. Zusammenfassung und Ausblick

Anhand meiner Untersuchungen und meines Fragebogens habe ich herausgefunden, dass der Großraum Berlin die besten Bedingungen für Start-ups, insbesondere der Gesundheitswirtschaft, innerhalb Deutschlands bietet. Zu den Stärken Berlins zählen die Attraktivität des Standorts, die günstigen Standort- und Personalkosten sowie die Wahrnehmung der Stadt als „Gründerstadt". In diesen Aspekten ist Berlin international wettbewerbsfähig. Auch bei der Verfügbarkeit von inländischen Fachkräften schneidet Berlin gut ab, jedoch ist die Willkommenskultur für ausländische Talente eher schlecht zu bewerten. Auch bei den Kooperationsmöglichkeiten mit etablierten Unternehmen und bei der Verfügbarkeit von privatem Kapital steht Berlin im internationalen Vergleich ungünstig da. Dennoch ist Berlin der attraktivste Standort für Start-ups innerhalb Deutschlands.

Damit sehe ich ein enormes Potenzial im Start-up-Ökosystem Berlin. Dieses Potenzial kann voll ausgeschöpft werden, wenn verschiedene Maßnahmen umgesetzt werden. Dabei sollten vor allem die Möglichkeiten der Finanzierung verbessert werden. Dies kann auch erreicht werden, indem der Kontakt mit etablierten Unternehmen gefördert wird. Ein dazu bereits umgesetzter Ansatz ist die Start-up Unit.

---

[120] Vgl. http://www.exist.de/exist-gruendungskultur/gruenderhochschule/

Die Bedeutung der Start-ups wird weiter zunehmen. Dies ist für die Stadt Berlin positiv zu bewerten, da Start-ups viele Vorteile bringen. Denn Start-ups schaffen viele Arbeitsplätze. Sie haben in Berlin durchschnittlich 23,2 Mitarbeiter[121]. Auch 2014 möchten 85 % aller im VBKI-Gründungsbarometer befragten Start-ups neue Mitarbeiter einstellen[122]. Dies führt dazu, dass Start-ups in Berlin bis 2020 bis zu 100.000 neue Arbeitsplätze schaffen könnten[123].

Ein weiterer gesamtwirtschaftlicher Vorteil des Wachstums der Start-up Szene ist, dass technologieorientierte Unternehmen zu technologischem Wandel und damit zu einer Erhöhung der Produktvielfalt oder der Verbesserung der Qualität des Produktangebots führen. Daraus ergibt sich der positive Effekt der höheren Bedürfnisbefriedigung der Kunden[124]. Dabei ist vor allem die Rolle von Unternehmen der Gesundheitswirtschaft hervorzuheben, da ihre Forschungen und Entwicklungen das Wohl der Gesellschaft verbessern. So trägt auch Cortrium mit seinem Gerät C3 dazu bei, die Arbeit von Ärzten sowie Vorsorge zu erleichtern.

Zusammenfassend stimulieren innovative Gründungen den Wettbewerb, führen zu wirtschaftlichem Strukturwandel und erzeugen Wachstum sowie Arbeitsplätze. Damit sind sie vor allem für ein rohstoffarmes Land wie Deutschland und insbesondere für die Stadt Berlin ein wichtiger Faktor für die Wettbewerbsfähigkeit.

---

[121] Vgl. http://deutscherstartupmonitor.de/fileadmin/dsm/dsm-14/DSM_2014.pdf
[122] Vgl. http://www.vbki.de/sites/default/files/StartingUpBerlin%202013%20-
%20das%20VBKI%20Gr%C3%BCnderbarometer.pdf
[123] Vgl. http://www.mckinsey.de/sites/mck_files/files/berlin_gruendet_broschuere.pdf, S. 12
[124] Wagner; Schultz: Finanzierung technologieorientierter Unternehmensgründungen in Deutschland, S. 26

8. Abbildungsverzeichnis

SPITZENMIETE IN EURO/QUADRATMETER

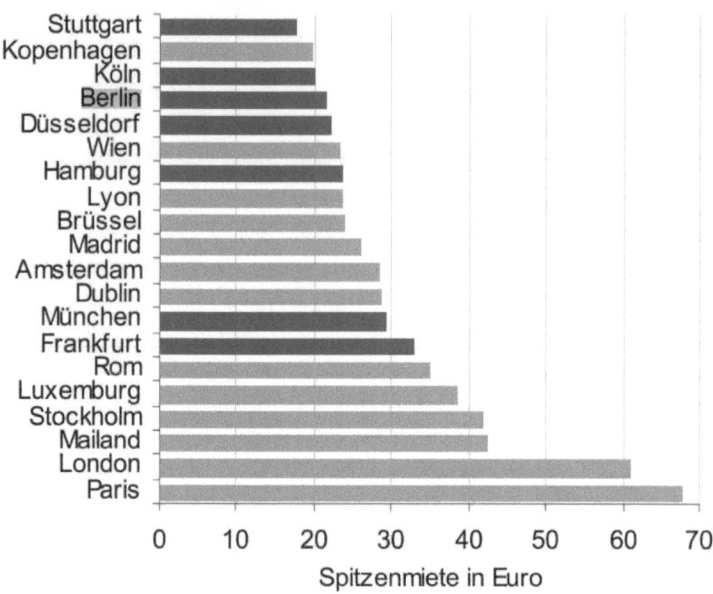

Abb. 1: Spitzenmiete europäischer Bürostandorte

DG HYP – Deutsche Genossenschafts-Hypothekenbank AG: IMMOBILIENMARKT DEUTSCHLAND 2012-2013. URL: http://www.dghyp.de/fileadmin/media/dg_hyp_deutsch/downloads/broschueren_marktb erichte/marktberichte/Immomarkt_Deutschland_2012.pdf, S. 22, [Stand: 26.08.2014]

Grafik 2: Gründerquoten nach Bundesländern (Durchschnitt 2007–2012)

(Anteil der Gründer an der Bevölkerung im Alter zwischen 18 und 65 Jahren nach Bundesländern)

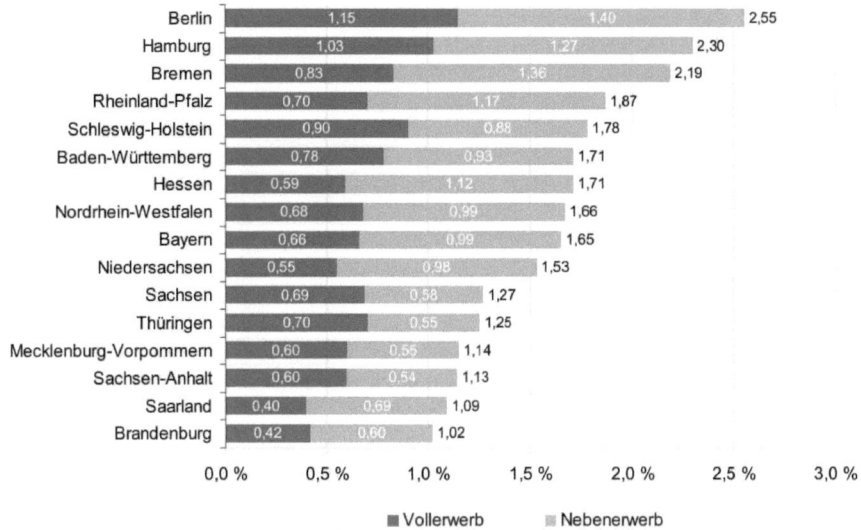

Abb. 2: Gründerquote nach Bundesländern

Dr. Metzger, Georg; Dr. Ulrich, Katrin: KfW Gründungsmonitor 2013. URL:
https://www.kfw.de/PDF/Download-Center/Konzernthemen/Research/PDF-Dokumente-
Gr%C3%BCndungsmonitor/Gr%C3%BCndungsmonitor-2013.pdf, S. 3, [Stand:
26.08.2014]

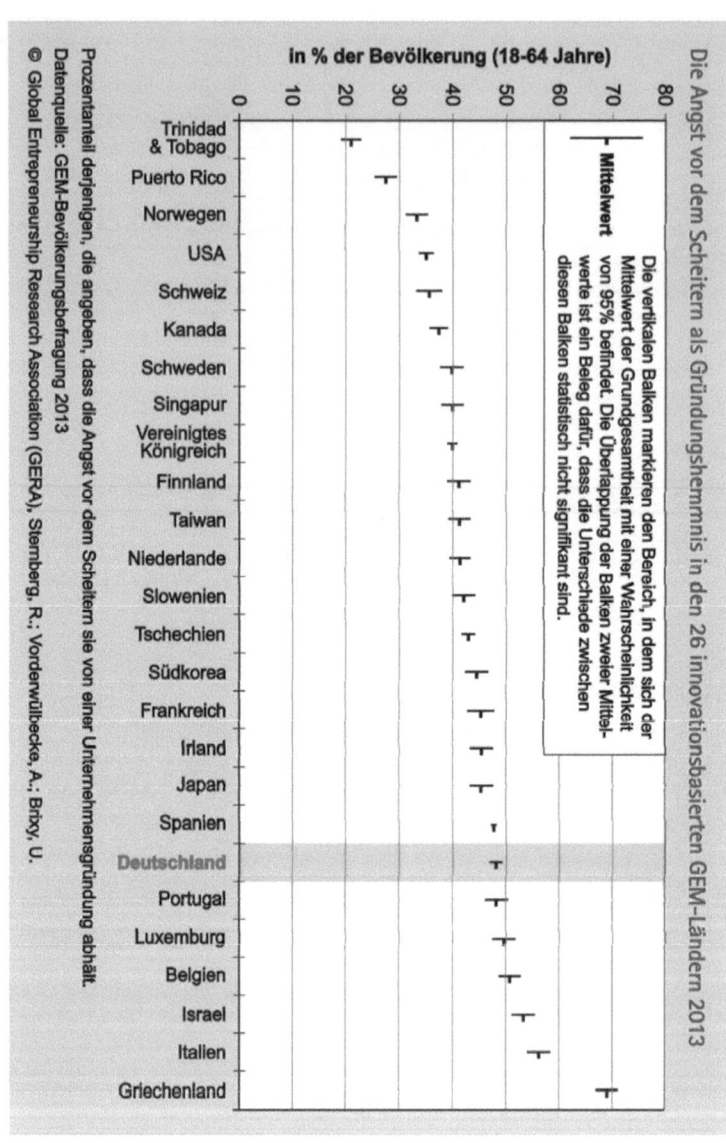

Abb. 3: Angst vor dem Scheitern

Brixy, Udo; Sternberg, Rolf; Vorderwülbecke, Arne: Global Entrepreneurship Monitor-
Unternehmensgründungen im weltweiten Vergleich- Länderbericht Deutschland 2013,
S. 17. URL: http://www.wigeo.uni-
hannover.de/fileadmin/wigeo/Geographie/Forschung/Wirtschaftsgeographie/Forschung
sprojekte/laufende/GEM_2013/gem2013.pdf, [Stand: 26.08.2014]

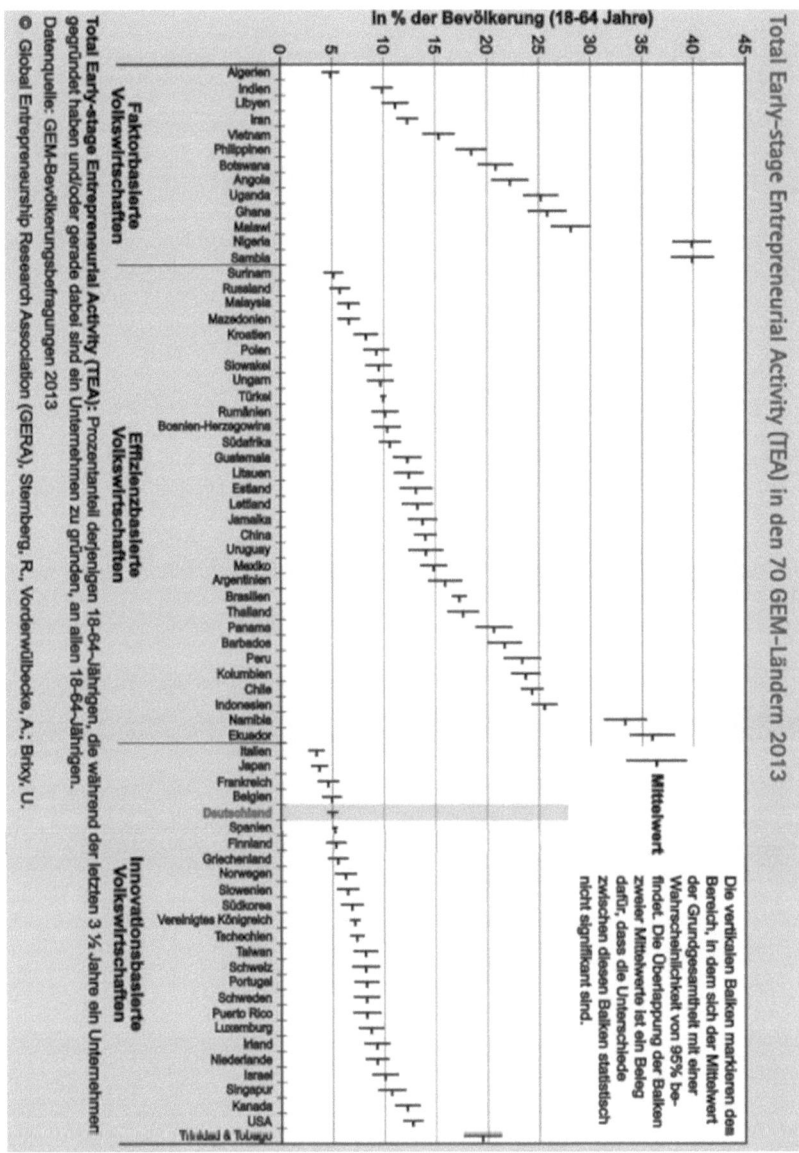

Abb. 4: TEA-Quote

Brixy, Udo; Sternberg, Rolf; Vorderwülbecke, Arne: Global Entrepreneurship Monitor-
Unternehmensgründungen im weltweiten Vergleich- Länderbericht Deutschland 2013,
S. 9. URL: http://www.wigeo.uni-
hannover.de/fileadmin/wigeo/Geographie/Forschung/Wirtschaftsgeographie/Forschung
sprojekte/laufende/GEM_2013/gem2013.pdf, [Stand: 26.08.2014]

Rang		Rangplätze (von 16 Bundesländern)										Indexpunkte
		Humankapital	Kreative Klasse	Hochkreative	F+E Ausgaben	Patente insgesamt	Hochtechnologiepatente	Ausländeranteil	rechtsextreme Wähler[20]	Fremdenfeindlichkeit	Bohemiens	TTT-Indexwert
1	Berlin	1	4	1	1	8	6	2	8	1	1	143
2	Hamburg	2	3	2	8	7	5	1	1	2	2	133
3	Baden-Württemberg	5	8	3	2	1	1	4	9	6	7	131
4	Bayern	7	6	5	3	2	2	7	10	10	4	117
5	Hessen	3	1	4	6	3	3	5	7	8	5	109
6	Bremen	4	11	6	5	13	12	3	5	4	3	101
7	Nordrhein-Westfalen	9	2	8	10	5	8	6	3	5	6	98
8	Niedersachsen	13	9	10	4	6	4	10	4	9	13	94
9	Rheinland-Pfalz	11	7	9	11	4	7	9	11	7	8	86
10	Schleswig-Holstein	10	5	12	16	9	10	11	1	3	9	83
11	Saarland	16	10	11	15	12	14	8	6	11	14	73
12	Sachsen	6	13	7	7	10	8	12	16	13	10	62
13	Brandenburg	8	12	14	13	14	13	13	13	12	12	60
14	Thüringen	12	15	13	9	11	11	15	15	15	15	56
15	Sachsen-Anhalt	15	14	15	14	15	16	16	12	14	16	54
16	Mecklenburg-Vorpommern	14	16	16	12	16	15	14	14	16	11	53

Abb. 5: TTT-Index Rangliste nach Bundesländern

Berlin-Institut für Bevölkerung und Entwicklung: Talente, Technologie und Toleranz - wo Deutschland Zukunft hat. URL: http://www.berlin-institut.org/newsletter/41_09_Oktober_2007.html.html, [Stand: 27.08.2014]

TTT-Index / Top 20 der kreisfreien Städte mit Gay Index

Rang mit Gay Index	Rang ohne Gay Index		Technologie-index	Talentindex	Toleranz-index	TTT-Index
1	2	München, Landeshauptstadt	2,18	2,97	6,85	4,00
2	6	Berlin, Stadt	0,14	1,40	8,35	3,30
3	9	Köln, Stadt	0,21	1,55	7,94	3,23
4	3	Stuttgart, Landeshauptstadt	2,49	3,15	3,75	3,13
5	1	Erlangen, Stadt	4,43	4,41	0,00	2,95
6	5	Heidelberg, Stadt	1,47	3,01	3,43	2,64
7	4	Darmstadt, Stadt	2,72	2,79	2,28	2,60
8	15	Frankfurt am Main, Stadt	0,65	2,26	4,66	2,52
9	10	Freiburg im Breisgau, Stadt	0,35	2,09	5,02	2,49
10	11	Hamburg, Freie und Hansestadt	0,39	1,18	5,47	2,35
11	8	Aachen, Stadt	1,61	2,08	2,39	2,03
12	13	Ulm, Universitätsstadt	2,22	1,51	2,00	1,91
13	18	Düsseldorf, Stadt	0,55	1,64	3,52	1,91
14	17	Karlsruhe, Stadt	1,38	1,59	2,60	1,86
15	24	Münster, Stadt	-0,27	1,66	3,98	1,79
16	16	Weimar, Stadt	0,01	1,99	2,74	1,58
17	30	Mannheim, Universitätsstadt	0,72	0,86	3,06	1,55
18	27	Regensburg, Stadt	1,37	1,09	2,08	1,51
19	7	Jena, Stadt	2,12	3,80	-1,42	1,50
20	12	Dresden, Stadt	1,68	2,39	0,38	1,48

Abb. 6: TTT-Index: Top 20 der kreisfreien Städte

Agiplan GmbH: Kreative Klasse in Deutschland 2010. URL: http://www.agiplan-gmbh.de/images/stories/_pdf/presse/100817_Kreative_Oekonomie.pdf, S. 26, [Stand: 27.08.2014]

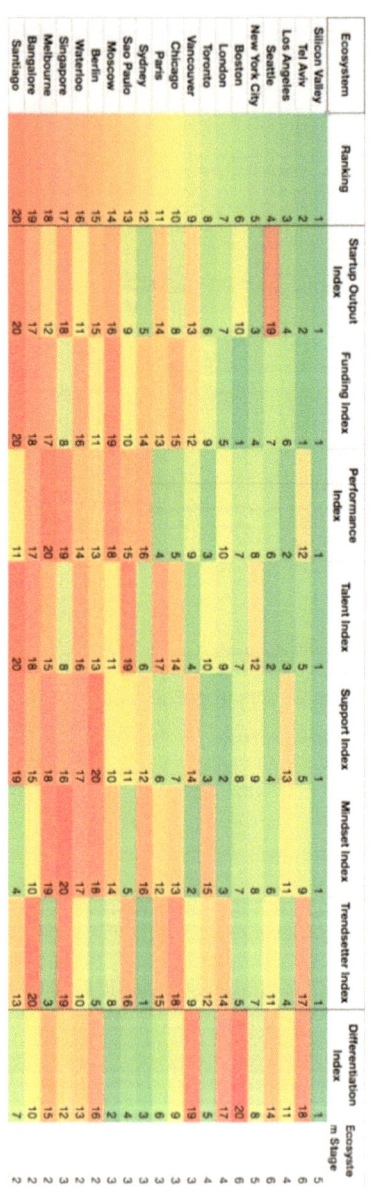

Abb. 7: Internationales Ranking verschiedener Start-up-Ökosysteme

Loeb, Steven: Startup Genome: Global entrepreneurship is on the rise. URL: http://vator.tv/news/2012-11-20-startup-genome-global-entrepreneurship-is-on-the-rise, [Stand: 27.08.2014]

Große Einigkeit unter Start-ups:
Berlin ist der Top-Standort in Deutschland

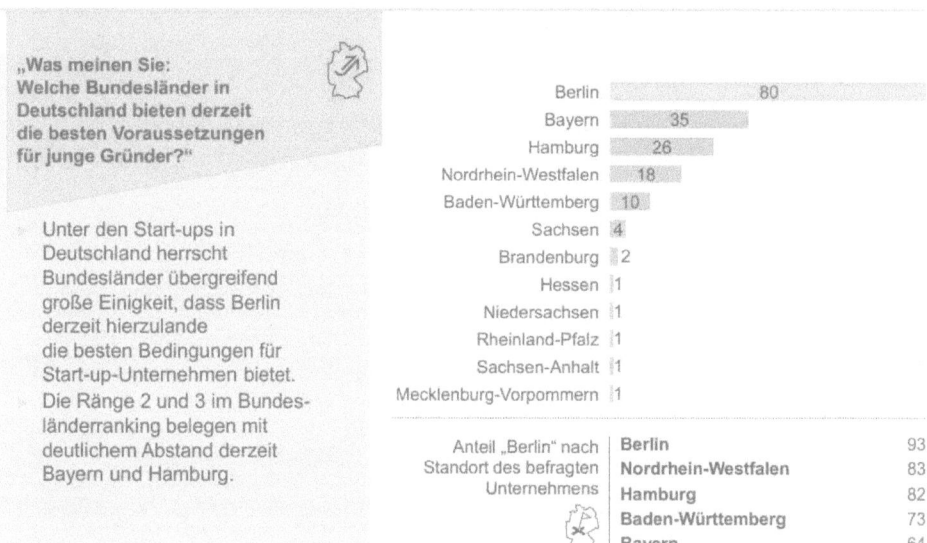

Abb. 8: Berlin ist der Top-Standort in Deutschland

Lennartz, Peter: Start-up-Barometer Deutschland April 2014, S. 29. URL:
http://www.ey.com/Publication/vwLUAssetsPI/EY_Start-
up_Barometer_2014/$FILE/EY-Start-up-Barometer-2014.pdf, [Stand: 27.08.2014]

Beste Noten für Standort Berlin

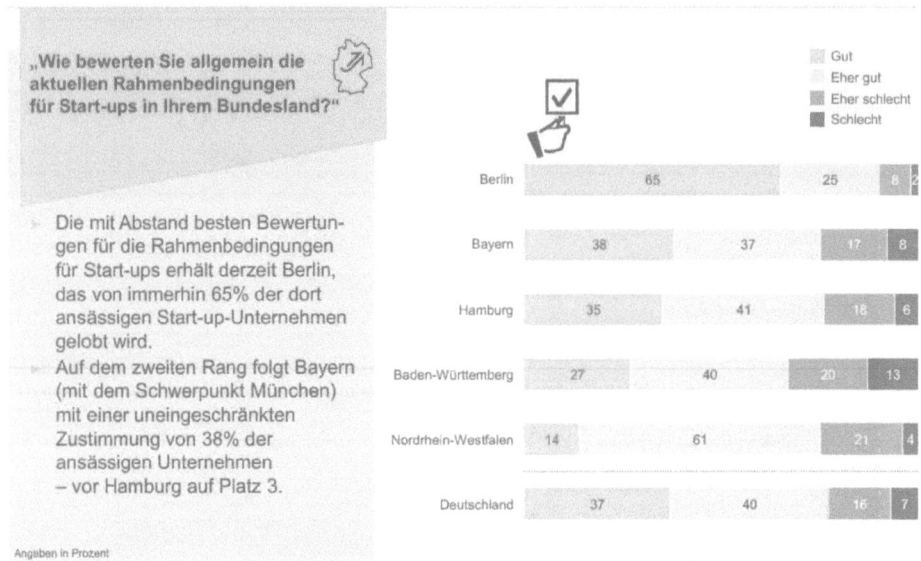

Start-up-Barometer Deutschland   **EY**

Abb. 9: Bewertung der Start-ups bezüglich der Rahmenbedingungen in ihrem Bundesland

Lennartz, Peter: Start-up-Barometer Deutschland April 2014, S. 22. URL: http://www.ey.com/Publication/vwLUAssetsPI/EY_Start-up_Barometer_2014/$FILE/EY-Start-up-Barometer-2014.pdf, [Stand: 27.08.2014]

9. Literatur- und Quellenverzeichnis

Bücherquellen:

- BMBF: Die Hightech-Strategie für Deutschland. Herausgegeben vom Bundesministerium für Bildung und Forschung (BMBF), 2006
- Hahn, Christopher: Finanzierung und Besteuerung von Start-up-Unternehmen: Praxisbuch für erfolgreiche Gründer. Springer Gabler, 2014
- Hampton, John: EKG auf einen Blick. Elsevier, Urban & Fischer Verlag, 2004
- Ortgiese, Jens; Velten, Carlo: Entrepreneurship, Venture Capital und Investment Banking. 1. Auflage. BoD, 2014
- Pepels, Werner: BWL-Wissen zur Existenzgründung: Praxiswissen Wirtschaft. 1. Auflage. expert verlag, 2003
- Schultz, Christian (Hrsg.); Wagner, Dieter: Finanzierung technologieorientierter Unternehmensgründungen in Deutschland. Josef Eul Verlag, Köln, 2011

Zeitschriften- und Zeitungenquellen:

- Industrie- und Handelskammer zu Berlin (Hrsg.): Berliner Wirtschaft 04/ 2014: Bitkom-Umfrage zu Start-ups
- Industrie- und Handelskammer zu Berlin (Hrsg.): Berliner Wirtschaft 04/ 2014: Die Netzwerker
- Industrie- und Handelskammer zu Berlin (Hrsg.): Berliner Wirtschaft 04/ 2014: Von nichts kommt nichts – eine moderne Infrastruktur muss her
- Industrie- und Handelskammer zu Berlin (Hrsg.): Berliner Wirtschaft 09/ 2014: Zahl des Monats
- Industrie- und Handelskammer zu Berlin (Hrsg.): Berliner Wirtschaft 11/ 2014: „Ein toller Standort für die Gesundheit"
- Markwort, Helmut (Hrsg.): Mehr Börsengänge für die Tech-Branche, in: Focus, Nr. 42/2014
- Renz, Mathias (Hrsg.): VentureCapital Magazin 09/ 2014: Assetklasse mit vielen Gesichtern
- Renz, Mathias (Hrsg.): VentureCapital Magazin 09/ 2014: VC-Panel: Meiste Investments im Software-Sektor
- Senatsverwaltung für Wirtschaft, Technologie und Forschung (Hrsg.): Digitale Wirtschaft in Berlin 10/ 2013: Coworking Space statt Garage
- Senatsverwaltung für Wirtschaft, Technologie und Forschung (Hrsg.): Digitale Wirtschaft in Berlin 10/ 2013: Digitalstandort Berlin - Zahlen und Fakten
- Senatsverwaltung für Wirtschaft, Technologie und Forschung (Hrsg.): Digitale Wirtschaft in Berlin: Sehen, vernetzen und gesehen werden
- Senatsverwaltung für Wirtschaft, Technologie und Forschung (Hrsg.): Digitale Wirtschaft in Berlin: Witte, Markus: Warum haben Sie Babbel in Berlin gegründet und hier auch den Hauptsitz angesiedelt?
- Visser, Corinna: Eine Anlaufstelle für alle, in: Der Tagesspiegel, 11.10.2014
- Visser, Corinna: Zukunftsmusik, in: Der Tagesspiegel, 15.10.2014

Internetquellen:

- Agiplan Gmbh: Kreative Klasse in Deutschland 2010. URL: http://www.agiplan-gmbh.de/images/stories/_pdf/presse/100817_Kreative_Oekonomie.pdf, [Stand: 30.06.2014]

- Benrath, Bastian: Wir gründen in Berlin! URL: http://www.faz.net/aktuell/beruf-chance/arbeitswelt/2500-startups-wir-gruenden-in-berlin-12119455.html, [Stand: 21.08.2014]
- Berlin Partner für Wirtschaft und Technologie: Arbeitsmarkt. URL: http://www.berlin.de/wirtschaft/arbeitsmarkt/index.de.php, [Stand: 21.08.2014]
- Berlin Partner für Wirtschaft und Technologie: Dichte – Vielfalt – Exzellenz. URL: http://www.berlin-sciences.com/wissenschaftsstandort-berlin/, [Stand: 19.11.2014]
- Berlin Partner für Wirtschaft und Technologie: Führender Standort der Gesundheitswirtschaft. URL: http://www.businesslocationcenter.de/gesundheitswirtschaft?closed=1, [Stand: 28.10.2014]
- Berlin Partner für Wirtschaft und Technologie: Gesundheitswirtschaft. URL: http://www.berlin.de/wirtschaft/wirtschaftsstandort/zukunftsbranchen-cluster/life-sciences/, [Stand: 28.10.2014]
- Bitkom: Start-ups und Gründer sind hoch angesehen. URL: http://www.bitkom.org/de/presse/8477_78860.aspx, [Stand: 12.07.2014]
- Breithaupt, Joachim: Fallen die Steuervorteile für Holdings?. URL: http://www.gruenderszene.de/recht/gesetzesaenderung-exit-holdings, [Stand: 22.09.2014]
- Brixy, Udo; Schlapfner, Jan-Florian; Sternberg, Rolf: Global Entrepreneurship Monitor- Unternehmensgründungen im internationalen Vergleich- Länderbericht Deutschland 2005. URL: http://www.wigeo.uni-hannover.de/fileadmin/wigeo/Geographie/Forschung/Wirtschaftsgeographie/Forschungsprojekte/laufende/GEM_2005/gem2005.pdf, [Stand: 30.06.2014]
- Brixy, Udo; Sternberg, Rolf; Vorderwülbecke, Arne: Global Entrepreneurship Monitor- Unternehmensgründungen im weltweiten Vergleich- Länderbericht Deutschland 2013. URL: http://www.wigeo.uni-hannover.de/fileadmin/wigeo/Geographie/Forschung/Wirtschaftsgeographie/Forschungsprojekte/laufende/GEM_2013/gem2013.pdf, [Stand: 24.06.2014]
- Bundesamt für Wirtschaft und Ausfuhrkontrolle: INVEST – Zuschuss für Wagniskapital. URL: http://www.bafa.de/bafa/de/wirtschaftsfoerderung/invest/, [Stand: 27.10.2014]
- Bundesministerium für Wirtschaft und Energie: Vom Satellitenkonto zur gesundheitswirtschaftlichen Gesamtrechnung. URL: http://www.bmwi.de/BMWi/Redaktion/PDF/I/Pr_C3_A4sentation_20Gesundheitswirtschaft_20WifOR,property=pdf,bereich=bmwi2012,sprache=de,rwb=true.pdf, [Stand: 03.12.2014]
- Bundesministerium für Wirtschaft und Energie: Wettbewerb "EXIST-Gründungskultur - Die Gründerhochschule". URL: http://www.exist.de/exist-gruendungskultur/gruenderhochschule/, [Stand: 16.09.2014]
- Bundesverband Deutsche Startups e.V. (Hrsg.): Deutscher Startup Monitor. URL: https://deutschestartups.org/wp-content/uploads/2013/07/DeutscherStartupMonitor2013.pdf, [Stand: 22.06.2014]
- Bundesverband Deutsche Startups e.V. (Hrsg.): Deutscher Startup Monitor 2014. URL: http://deutscherstartupmonitor.de/fileadmin/dsm/dsm-14/DSM_2014_PK_Slidedeck.pdf, [Stand: 16.09.2014]
- Bundesverband Deutsche Startups e.V. (Hrsg.): Digitale Agenta= Startup Agenda?. URL: https://deutschestartups.org/wp-content/uploads/2014/08/Startup-Verband_zur_Digitalen_Agenda.pdf, [Stand: 22.09.2014]

- CDU Fraktion: Wettbewerbsfähigkeit stärken- Liquidität für Berliner Start-ups sichern. URL: http://www.cdu-fraktion.berlin.de/lokal_1_1_99_Wettbewerbsfaehigkeit-staerken--Liquiditaet-fuer-Berliner-Start-Ups-sichern.html, [Stand: 30.06.2014]
- Deutscher Industrie- und Handelskammertag e. V.: Pioniergründer bringen frische Brise- DIHK-Gründerreport 2014. URL: http://www.dihk.de/ressourcen/downloads/dihk-grunderreport-2014, [Stand: 28.09.2014]
- DIW: Berliner Universitäten als Wirtschaftsfaktor. URL: http://www.diw.de/de/diw_01.c.422058.de/berliner_universitaeten_als_wirtschaftsfaktor.html, [Stand: 24.06.2014]
- DocCheck Medical Services GmbH: Todeszeichen. URL: http://flexikon.doccheck.com/de/Todeszeichen, [Stand: 27.10.2014]
- Dutta, Soumitra; Lanvin, Bruno: The Global Innovation Index 2013- The Local Dynamics of Innovation. URL: http://www.globalinnovationindex.org/userfiles/file/reportpdf/GII-2013.pdf, [Stand: 30.06.2014]
- DW: Studiogespräch mit Travis Todd: „Berlin- ein Ökosystem für Gründer". URL: http://www.dw.de/studiogespr%C3%A4ch-mit-travis-todd-berlin-ein-%C3%B6kosystem-f%C3%BCr-gr%C3%BCnder/av-17751912, [Stand: 10.07.2014]
- Fahrun, Joachim. URL: http://www.morgenpost.de/berlin-aktuell/article116720512/Jeder-vierte-Berliner-ist-ein-Akademiker.html, [Stand: 27.10.2014]
- Genios Deutsche Wirtschaftsdatenbank GmbH: Wirtschaftsminister plant zentrale Anlaufstelle für Start-ups Gabriel: Keine Zeit mit Behörden verschwenden, URL: http://www.genios.de/presse-archiv/artikel/FAZ/20140926/wirtschaftsminister-plant-zentrale-/FD1201409264384869.html, [Stand: 3.10.2014]
- Henke, Jutta: Infoblatt Harte und Weiche Standortfaktoren. URL: http://www2.klett.de/sixcms/list.php?page=infothek_artikel&extra=TERRA%20EWG-Online&artikel_id=95151&inhalt=klett71prod_1.c.155504.de, [Stand: 30.08.2014]
- Hofmann, Alex: Land Berlin plant 100-Millionen-Fonds für Startups. URL: http://www.gruenderszene.de/allgemein/berlin-startup-unit-100-millionen, [Stand: 22.09.2014]
- IBB: Förderfiebel 2013/2014 - Der Ratgeber für Unternehmen und Existenzgründungen. URL: http://www.ibb.de/PortalData/1/Resources/content/download/ibb_service/publikationen/foerderfibel_2013-2014.pdf, [Stand: 24.06.2014]
- IFAF - Institut für angewandte Forschung Berlin e.V.: KOMPETENT, INTEGRATIV, WIRKSAM. URL: http://www.ifaf-berlin.de/, [Stand: 19.11.2014]
- IHK Berlin: Berlin als Wissenschafts- und Technologiestandort. URL: http://www.ihk-berlin.de/standortpolitik/Wirtschaftsstandort_Berlin/Standortvorteile_Berlins_und_Standortvergleiche/2184314/Wissenschaftsstandort_Berlin.html, [Stand: 14.07.2014]
- IHK Berlin: „Bildungsbedarf der Gesundheitswirtschaft Berlin-Brandenburg". URL: http://www.uckermark.de/PDF/Feldstudie_Bildungsbedarf_der_Gesundheitswirtschaft_in_Berlin_Brandenburg_IHK_Berlin_.PDF?ObjSvrID=553&ObjID=3297&ObjLa=1&Ext=PDF&WTR=1&_ts=1202456928, [Stand: 30.08.2014]
- Innovations-Zentrum Berlin Management GmbH (IZBM): Technologie- und Gründerzentren in der Region Berlin-Brandenburg. URL: http://www.gruenderzentren-in-berlin.de/, [Stand: 14.12.2014]

- Kammen, August A. van: Florida and Berlin: Worlds Apart? URL: http://dare.uva.nl/cgi/arno/show.cgi?fid=164764, [Stand: 12.12.2014]
- KPMG in Deutschland: Deutscher Startup Monitor. URL: http://deutscherstartupmonitor.de/fileadmin/dsm/dsm-14/DSM_2014.pdf, [Stand: 22.09.2014]
- Kramer, Sarah: Willkommen in der Hauptstadt!. URL: http://www.tagesspiegel.de/wirtschaft/portal-fuer-fach-und-fuehrungskraefte-willkommen-in-der-hauptstadt/10129620.html, [Stand: 12.07.2014]
- Kühne, Anja: FU vermisst Sicherheit beim geplanten Gründerzentrum. URL: http://www.tagesspiegel.de/wissen/gruenden-in-berlin-fu-vermisst-sicherheit-beim-geplanten-gruenderzentrum/9543172.html, [Stand: 24.06.2014]
- Lennartz, Peter: Start-up-Barometer Deutschland April 2014. URL: http://www.ey.com/Publication/vwLUAssetsPI/EY_Start-up_Barometer_2014/$FILE/EY-Start-up-Barometer-2014.pdf, [Stand: 24.06.2014]
- Ludwig, Katharina: In welcher Stadt man das meiste von seinem Einkommen hat. URL: http://www.tagesspiegel.de/wirtschaft/berlin-hamburg-muenchen-in-welcher-stadt-man-das-meiste-von-seinem-einkommen-hat/9317780.html, [Stand: 29.10.2014]
- Mobile Economy GmbH: Ecosummit Award 2014. URL: http://ecosummit.net/award, [Stand: 14.12.2014]
- Prof. Lütters, Holger (Studienleiter): Gründungsbarometer. URL: http://www.vbki.de/sites/default/files/StartingUpBerlin%202013%20-%20das%20VBKI%20Gr%C3%BCnderbarometer.pdf, [Stand: 22.06.2014]
- PWIB Wohnungs-Infobörse GmbH: Mietspiegel Berlin 2014. URL: http://www.wohnungsboerse.net/mietspiegel-Berlin/2825, [Stand: 29.10.2014]
- PWIB Wohnungs-Infobörse GmbH: Mietspiegel Hamburg 2014. URL: http://www.wohnungsboerse.net/mietspiegel-Hamburg/3195, [Stand: 29.10.2014]
- PWIB Wohnungs-Infobörse GmbH: Mietspiegel München 2014. URL: http://www.wohnungsboerse.net/mietspiegel-Muenchen/209, [Stand: 29.10.2014]
- Schürholz, Felix: Coworking Verzeichnis. URL: http://www.coworking-news.de/coworking-verzeichnis/#berlin, [Stand: 9.07.2014]
- Senatskanzlei: Verkehr, Infrastruktur und Umweltschutz. URL: http://www.berlin.de/berlin-im-ueberblick/wirtschaft/infrastruktur.de.html, [Stand: 11.12.2014]
- Senatsverwaltung für Gesundheit und Soziales: Gesundheitswirtschaft in Berlin. URL: http://www.berlin.de/sen/gesundheit/themen/gesundheitswirtschaft/, [Stand: 30.08.2014]
- Senatsverwaltung für Wirtschaft, Technologie und Forschung: II.3 Ausgewählte Innovationsbranchen. URL: http://www.berlin.de/sen/wirtschaft/wirtschaft-und-technologie/konjunktur-und-statistik/wirtschafts-und-innovationsbericht/ii-wirtschaft-forschung-und-technologie-in-berlin/artikel.41571.php, [Stand: 24.06.2014]
- Statistisches Landesamt Baden-Württemberg: Indikatoren- Innovationsindex. URL: http://www.statistik-bw.de/VolkswPreise/Indikatoren/IX-FE_innovatIndexLARG.asp, [Stand: 30.06.2014]
- Stüber, Jürgen: Wie Berlin zur führenden Start-up-Metropole Europas wird. URL: http://www.morgenpost.de/berlin-aktuell/startups/article120691793/Wie-Berlin-zur-fuehrenden-Start-up-Metropole-Europas-wird.html, [Stand: 24.06.2014]
- Suder, Katrin (McKinsey Berlin): Berlin gründet. URL: http://www.mckinsey.de/sites/mck_files/files/berlin_gruendet_broschuere.pdf, [Stand: 1.09.2014]

- Visser, Corinna: Wer es wagt. URL: http://www.tagesspiegel.de/wirtschaft/risikokapital-wer-es-wagt/6935970.html, [Stand: 21.08.2014]
- VKP engineering GmbH: GreenTec Awards. URL: http://www.greentec-awards.com/greentec-awards.html, [Stand: 14.12.2014]

10. Anhang

Berlin als Standort für Start-ups

Hinweis: Die Befragten konnten zu jeder Frage Kommentare schreiben. So konnten sie in Textform ihre Multiple-Choice-Antworten weiter erläutern. Außerdem sollten die Unternehmen über die Kommentar-Funktion offene Fragen beantworten. Bei Fragen 7, 9 und 10 handelt es sich um offene Fragen, sodass Ergebnisse nur in Textform vorliegen. Die Antworten für Fragen 7 und 9 habe ich eingefügt. Des Weiteren habe ich die Kommentare für Frage 5 eingefügt, da sie die Antworten verdeutlichen.

[nicht enthalten]